A L. L. Excellences
les Plénipotentiaires
Alliés et Associés
à la Conférence de la Paix

La
Question Syrienne

EXPOSÉE

Par les SYRIENS

COMITE CENTRAL SYRIEN
3, Rue Laffitte, 3
PARIS
—
1919

La
Question Syrienne

A L. L. Excellences
les Plénipotentiaires
Alliés et Associés
à la Conférence de la Paix

La Question Syrienne

EXPOSÉE

Par les SYRIENS

COMITÉ CENTRAL SYRIEN
3, Rue Laffitte, 3
PARIS
—
1919

La Question Syrienne

EXPOSÉE

PAR LES SYRIENS

*A L.L. Excellences les Plénipotentiaires Alliés et Associés
à la Conférence de la Paix*

EXCELLENCES,

J'ai l'honneur, au nom du Comité Central Syrien de Paris, de remettre sous les yeux de vos Excellences le programme politique pour la défense duquel le Comité que j'ai l'honneur de présider a été mandaté par les comités et groupements nationaux de New-York, Pernambuco, Sao Paulo, Rio de Janeiro, La Paz, Los Angeles, Bello Horizonte, Santiago de Chili, Buenos-Aires, Uruguay, du Mexique et de l'Amérique Centrale, de Dakar, Thiès, Conakry, du Caire, d'Alexandrie, de Sydney et de Syrie même.

Or, à la suite d'incidents et d'événements divers survenus depuis l'audition par le Comité des Dix de l'Emir Fayçal, le Comité Central Syrien a reçu de ses mandants des considérations, des documents, des protestations et a recueilli des opinions qu'il s'empresse de présenter en ce fascicule à la Conférence de la Paix.

Je crois devoir ne les faire précéder d'aucun commentaire, préférant laisser la parole à mes mandants qui, aux risques de s'attirer l'animosité des directeurs et des agents de la propagande qui s'exerce si intensément en faveur d'une opinion étrangère et contraire à la nôtre, expriment librement et éloquemment ce qui est dans le cœur de tout Syrien ayant conscience de sa nationalité.

Que nous soyons (comme nous appelle cette propa-

gande) « des pauvres gens » ayant eu la chance de s'être
fait entendre par le tribunal mondial, c'est là une de nos
fiertés; que nous ayons provoqué la décision comportant
l'envoi d'une commission interalliée d'enquête ou de con-
sultation sur laquelle on compte pour nous confondre,
nous, usurpateurs d'un mandat princier, nous laissons à
vos Excellences le soin d'apprécier ces affirmations
téméraires.

La vérité est que nous sommes des Syriens, de parents
syriens, n'ayant jamais dû aux Turcs que la persécution,
l'exil et des deuils au lieu d'argent, d'honneurs et de sièges
dans le Parlement et, qu'en outre, nous n'usons ni des
subsides des Alliés pour jouer aux potentats, ni de force
armée et de corruption pour récolter des mandats. Nous
sommes donc fondés, plus que d'autres, hier encore étrangers à nos affaires, à réclamer non des sultanats pour
nous, mais les droits qu'a notre pays à la liberté et à une
indépendance totale en principe, graduée dans son application. L'humiliation qu'on nous fait craindre ne viendrait
pas de notre recours à l'aide scientifique, technique et
économique d'une grande puissance, ni de notre soumis-
sion à la décision de la Conférence de la Paix qui nous
juge dignes de cette aide fraternelle, mais bien de notre
nonchaloir à nous laisser dominer et gouverner par un
étranger rétrograde et à laisser croire ainsi aux puissances
alliées que nous n'avons ni dans nos vieilles familles musulmanes ni dans notre jeunesse instruite, quelqu'un qui le
vaille pour parler au nom du pays et pour se préoccuper
de son état présent et de son sort futur.

La réalité est bien celle-là. Seuls les moyens nous ont
manqué pour la faire prévaloir. Tant d'obstacles se
sont opposés, s'opposent encore à sa manifestation. Nous
ne voulons pour preuve que l'impossibilité où l'on nous
met de parler à nos compatriotes du pays, comme il est
loisible aux autres de le faire.

Notre seule ressource est de nous adresser à vous, confiants dans votre justice, dans votre sagesse et dans votre
clairvoyance, nous ajoutons, dans votre pitié. Oui, pitié
pour ce pays ! Son martyre a trop duré. Et vous ne pouvez,
Excellences, vous qui représentez la liberté, le droit, nous

laisser plus longtemps dans l'état lamentable où vous nous avez réduits. Est-ce juste, même humain de nous faire attendre que telle grande puissance se décide à accepter ou à refuser d'intervenir dans le Levant ou que telle autre veuille lever l'hypothèque qu'elle a mise sur nous ou que celle dont les droits sont incontestables et les devoirs impérieux se détermine à vous les faire reconnaître ?

Excellences, justice ! ou à défaut, pitié. On peut, sans s'abaisser, l'implorer pour un peuple.

CHEKRI GANEM.

LA QUESTION SYRIENNE

I. — Les Principes Wilsoniens en Orient

Le *Temps* du 22 mars, et tous les autres journaux, ont publié l'information suivante : « A la suite de la délibération qui a eu lieu hier après-midi chez M. Lloyd George, en présence du général Allenby, il a été décidé de revenir à une suggestion présentée par la délégation américaine et de nommer une Commission inter-alliée, qui sera chargée d'étudier sur place, non seulement les problèmes de Syrie et de Palestine, mais de l'ensemble de l'Asie ottomane.

» En vertu de cette décision, l'attribution des mandats aux diverses puissances européennes, en ce qui concerne les régions de l'Asie ottomane, ne saurait avoir lieu avant le retour de la Commission d'enquête, c'est-à-dire avant plusieurs mois. »

Les agences télégraphiques s'empressèrent de nous communiquer cette décision et le correspondant du *Mokattam* à New-York prit soin de marquer, dans son télégramme du 25 mars, que le but de cette Commission était de recueillir les vœux des populations quant à la tutelle à donner à chaque pays libéré du joug turc.

Devant la tournure nouvelle que prennent les événements, nous croyons utile à la cause syrienne de soumettre les quelques observations qui suivent, en espérant qu'elles seront de nature à éclairer la question de son jour véritable et à lui assurer une solution équitable et rationnelle dont ses artisans n'auront pas un jour à se repentir.

C'est à juste raison et en parfaite connaissance des choses du pays que le Comité Central syrien de Paris s'est élevé contre la procédure d'enquête préconisée pour la solution de la question du Levant, si tant est que cette enquête doit revêtir l'allure d'un plébiscite, qui ne serait en réalité qu'une comédie.

Tous les Syriens sincères et de bonne foi, soucieux du réel intérêt de leur pays, s'associeront sans réserve à cette protestation, si le sort de la Syrie doit dépendre du résultat de l'enquête, basé sur les votes des populations, recueillis sans distinction de degrés de culture. Il est certain, en effet, qu'en pareil cas la majorité, ignorante et imbue de préjugés religieux, se prononcera pour le rattachement au royaume du Hedjaz, ou pour la tutelle hedjazienne, directe ou indirecte, ou pour toute autre combinaison qu'on lui présenterait comme devant tôt ou tard conduire au même résultat, suivant que cette pauvre foule aura été dirigée par ses mauvais bergers, dont l'œuvre néfaste n'a pas laissé d'agir depuis la mainmise des Hedjaziens sur le pays.

Tous les musulmans chiites et les groupements chrétiens savent, grâce à une douloureuse expérience, que tous les malheurs de l'Orient, qui ont donné naissance à la plupart des complications européennes, provenaient, non de l'existence de l'Empire turc nommément, mais de l'existence du pouvoir théocratique islamique apporté par la conquête arabe et continué par les Turcs, état dont la Syrie saigne et meurt depuis treize siècles. Les musulmans cultivés et de bonne foi en conviennent eux-mêmes. Il est de toute nécessité que les Puissances alliées, qui désirent aboutir à une solution durable, ne le perdent point de vue et n'aillent pas, par des palliatifs peu courageux, donner à l'histoire l'occasion de se renouveler et de renouveler les occasions de troubles en Orient et de complications en Occident...

Les non-musulmans ont enfin le droit d'en finir une fois pour toutes avec toutes les causes de leurs misères passées. Les musulmans eux-mêmes ont un intérêt certain — si l'on envisage l'intérêt réel des peuples sous l'angle de la loi de l'évolution — à être délivrés de l'obscurantisme dans lequel ils croupissent et à voir doter leur pays d'un régime d'ordre et d'égalité de nature à l'acheminer dans la voie du progrès et de la civilisation modernes. Les temps ne sont plus à la vieille diplomatie qui consistait à soutenir, en Orient, les sectes rivales, les dressant les unes contre les autres, sans réagir contre leurs passions rétrogrades, ce qui revenait malheureusement à encourager ces passions. Les massacres périodiques, au cours du dernier siècle, en sont un triste exemple. Ceux d'Alep, du 28 février 1919, perpétrés par des gens fanatisés et grisés par le semblant de prédominance qu'on a eu tort de leur donner, sont une horrible illustration de ce que nous avançons. La diplomatie sincère moderne ne doit plus connaître de clans amis, de clients musulmans et chrétiens, Metoualis, Druzes et Maronites, de querelles à entretenir pour en profiter et pêcher en eau trouble : le monde civilisé a proclamé qu'il n'a qu'un souci : libérer les peuples de tout joug et les acheminer dans la voie de la Civilisation moderne, afin que la Paix règne partout. Pour réaliser cette œuvre, c'est surtout du joug de leurs propres passions et de leurs divisions intestines que les peuples d'Orient ont besoin d'être libérés. Au lendemain de leur libération du plus dissolvant des jougs qui ait jamais pesé sur ces pauvres peuples de Syrie, ces frères, ennemis, il serait inhumain, au lieu de les départager par une prompte intervention loyale et appropriée, de perpétuer leurs querelles en s'en remettant à leurs propres suffrages, surtout dans le temps actuel, où les intrigues de toutes sortes ont fait revivre tous les dissentiments, toutes les passions, toutes les illusions.

Le principe proclamé du droit des peuples à disposer d'eux-mêmes doit subir, dans l'intérêt même des peuples nouvellement rappelés à la vie politique, une atténuation mesurée à leurs dispositions et à leurs besoins. Les Alliés commettraient une grande faute en appliquant ce principe d'une façon absolue aux populations hétérogènes d'Orient, et en favorisant la propagation, dans ces pays, dont la mentalité est si différente de celle de l'Occident, de théories qui ne sauraient y produire que des effets différents de ceux visés par leurs auteurs. Nous nous permettons de donner, à l'appui de cette thèse, l'exemple des derniers événements d'Egypte. Ces événements, dus en partie à des causes locales provenant d'intrigues khédivistes et turco-allemandes, continuées pendant la guerre et méconnues imprudemment des autorités britanniques, sont surtout la conséquence des illusions inspirées par une exagération du principe en question, illusions savamment

entretenues par de nombreux meneurs, et par de nombreux organes de presse, dont les principaux sont édités en Egypte même et
dont quelques-uns sont directement contrôlés par les autorités
britanniques. Ces organes n'ont jamais cessé de prôner l'indépendance absolue des peuples arabes, leur droit de disposer entièrement et librement d'eux-mêmes, leur capacité de se gouverner et de se passer de toute tutelle.

En septembre 1917, le Président du Comité de l'Alliance libanaise au Caire, Iskandar Bey Ammoun, à la suite de pourparlers
avec le roi du Hedjaz, publiait un manifeste dans lequel, en pro-
clamant le droit du Liban à l'indépendance absolue, il ajoutait :
« C'est aujourd'hui que sera réglé définitivement le sort des petites nations. Celles qui auront endossé l'habit de la servitude le
garderont éternellement ; celles qui auront préféré la liberté et
l'indépendance vivront libres pour toujours. Travailler à mettre
le Liban sous la suprématie d'une Puissance étrangère est un
crime de lèse-Patrie... »

Nos contradicteurs croient-ils que l'esclavage ne consiste qu'à
être mené à coups de bâton et que ce ne serait pas aussi de l'esclavage que nos terres et nos foyers fussent sous l'autorité de
l'étranger ? » (Il faut noter que ce Président était, jusque-là, partisan de l'annexion de toute la Syrie à la France, que dans la suite
il publia dans les journaux d'Amérique son manifeste visé ci-des-
sus, dans lequel il proclame que le roi du Hedjaz a plus de droits
sur le Liban que la France ! et qu'actuellement, après avoir fait
partie de l'Union Syrienne, il est attaché à une fonction auprès
du gouvernement de Damas...)

En décembre de la même année, l'autorité militaire britannique
autorisait un meeting qui fut tenu dans un grand hôtel du Caire
et où des orateurs dudit Comité proclamèrent le même droit à
l'indépendance absolue, en donnant publiquement des raisons
contraires à l'intrusion des étrangers dans les affaires du pays.
Des officiers anglais assistaient à cette réunion. Bien plus, quelques jours après, un rapport était imprimé et publié, avec l'autorisation de la censure, affirmant les mêmes revendications en termes non équivoques. Jusque-là, la censure interdisait, et continua
même pendant plusieurs mois à interdire toute publication concernant la Syrie.

En septembre et octobre 1918, un organe de l'Alliance libanaise,
prenant à partie un notable Libanais, qui préconisait la tutelle
d'une Puissance démocratique pour la Syrie, publiait des articles
dans lesquels il soutenait que l'indépendance et la tutelle sont
deux expressions contradictoires. « Quelle que soit cette Puissance étrangère, ajoutait-il, c'est elle qui sera la maîtresse du
pays, qui exploitera ses ressources et qui privera ses enfants des
bienfaits de son sol, etc. » Dans un autre article, ce même journal s'appuie sur les principes du Dr Wilson, qu'il explique à sa
manière, pour conclure que « les petites nations ont compris désormais quelle doit être leur attitude vis-à-vis de la Conférence, et
elles se préparent à sauvegarder énergiquement leur liberté et
leur indépendance, etc. ». (Journal Al-Omma, 29 septembre, 3 et
5 octobre 1918.)

Au commencement de l'année courante, le Comité de l'Union

syrienne, qui revendique, comme l'Alliance libanaise, l'indépendance absolue, publiait une circulaire débutant comme suit :
« Ayant appris par les déclarations du Dr Wilson et des hommes d'Etat anglais et français, que l'empire de l'usurpation s'est écroulé et qu'il s'est élevé sur ses ruines des principes sains d'après lesquels le Droit prime la Force et les peuples ont le droit de jouir des dons de l'indépendance et de la liberté que Dieu leur a octroyés... et que la domination des peuples pour satisfaire des droits et des intérêts prétendus a été supprimée, etc... »

Il serait trop long de citer, et nous sommes forcé de passer sous silence tous les discours et les nombreux articles de journaux exaltant la gloire des Arabes, prêchant l'union des peuples arabes, prônant le droit à l'indépendance absolue de tous les peuples. Nous faisons observer seulement que toutes ces opinions ne sont nullement indépendantes et ne reflètent pas des idées syriennes libres et spontanées. C'est ainsi que : *Palestine* (édition arabe de *Palestine News*) est éditée au Caire par « l'Armée britannique d'occupation des territoires ennemis libérés », *Al-Kawkab* (rédacteur Cheikh El-Kalkili, Caire) est contrôlé et financé par l'Etat-Major britannique et un officier anglais préside à sa direction. *Istiklal El-Arab* (indépendance des Arabes, organe heedjazien, Damas) se publie dans des conditions presque identiques.

En tolérant (on pourrait dire en entretenant) cette campagne en Egypte — destinée en réalité à influencer les Syriens — les autorités britanniques croyaient-elles à leur innocuité sur le peuple égyptien? La psychologie la plus élémentaire enseigne qu'en pareille matière les mêmes causes ne peuvent produire que les mêmes effets : Aussi les chefs du mouvement actuel en Egypte sont-ils, non les nationalistes turcophiles, de tout temps ennemis de l'occupation, mais des personnalités sérieuses et des notabilités séduites par les illusions indépendantistes et qui, jusqu'ici, avaient été favorables à l'occupation britannique et constituaient l'élément d'ordre dans le pays. Dans leurs mémoires aux puissances, ces chefs ont clairement indiqué la base de leurs demandes : le principe des nationalités, les 14 articles du Dr Wilson, le droit des peuples à disposer d'eux-mêmes; et le critérium de leur aptitude à se gouverner seuls : l'exemple de la poignée de Libanais à qui l'on permet de tenir au Caire des meetings pour revendiquer leur indépendance, des Syriens désunis à qui l'on conseille à tous les vents de réclamer l'indépendance la plus complète sans aucune tutelle, du Hedjaz pauvre et arriéré qu'on érige en royaume indépendant, de l'Emir Faiçal admis à la Conférence accompagné d'un personnage britannique et réclamant la constitution d'un empire arabe! tandis que les Egyptiens, au nombre de douze millions, unis, riches, instruits et expérimentés, n'auraient pas droit à l'indépendance!

Toutes ces raisons sont longuement développées dans le dernier Mémoire de la Délégation égyptienne, et reviennent dans tous les manifestes, notes et protestations que les Egyptiens ont rédigés et répandus à foison ces derniers temps. Dans la dernière publication de ce genre (Protestation du Conseil provincial de Guizeh et Vœux des habitants concernant l'indépendance absolue de l'Egypte, arrêtés à la séance extraordinaire du 8 Ragab 1339 avril 1919), on lit textuellement ce qui suit :

« Nous ne pouvons pas concevoir que l'indépendance absolue
de l'Egypte, la première de nos revendications, puisse être con-
trecarrée par une grande nation libérale telle que l'Angleterre
qui a lutté aux côtés de ses alliés pour la noble cause de la justice et des 14 *principes du Président Wilson.* »

Nous n'avons voulu parler des derniers événements d'Egypte
et en donner l'aperçu qui précède que dans le but d'en tirer la
conclusion suivante : La propagande menée ici dans la question
syrienne, en faveur des principes wilsoniens et de l'indépendance,
entre pour une large part dans les causes déterminantes des
événements d'Egypte, et pourrait en déterminer d'autres de même
nature dans d'autres milieux si elle était continuée.

II. — Le Sabotage de la Question Syrienne

Le rêve fait toujours tort à la réalité. Les événements d'Egypte,
ceux des Indes, et les horribles massacres d'Alep en sont une
illustration encore vivante. Le plus malheureux est de constater
que dans certains milieux on semble ne pas s'en rendre compte.
Malgré la leçon exemplaire infligée par ces événements, une
curieuse aberration diplomatique continue à tolérer la même propagande néfaste. La même presse inspirée continue à proclamer
hautement que tous les peuples ont droit à l'indépendance absolue, que les Arabes doivent la rechercher seule, que ceux qui
recherchent la France sont des sans-patrie, que les peuples ont
seuls le droit de décider du sort de leur pays et que la Commission interalliée, couronnement de ce principe, dû à la sollicitude
du général Allenby et de l'Angleterre, puissance libérale qui n'a
aucune visée coloniale sur la Syrie, doit arriver incessamment
pour consulter les populations (*Al-Mokattam*, *Palestine* et notamment les numéros des 1, 7 et 15 avril du *Kaukab*). Le journal
Al-Kaukab, dont nous avons indiqué les attaches avec l'Etat-
Major britannique, ne cesse d'exalter systématiquement la constitution du royaume arabe et de prêcher l'union arabe (le panara-
bisme), soit par des articles de fond soit par la publication de
correspondances signées ou anonymes. Voici au hasard quelques
passages des dernier articles : « Les Syriens sont redevables de
leur indépendance à l'Angleterre qui a dépensé des dizaines de
millions de livres pour leur permettre de combattre pour cette
indépendance... Quant à la nécessité de donner aux Syriens des
instructeurs pour les guider dans l'exercice du Self-government,
j'admets cette nécessité, mais la nation ne veut pas se donner des
tuteurs ni des maîtres, car la tempête effroyable qui a passé
sur le monde au cours de cette guerre a purifié l'esprit des
peuples que gouvernait la Turquie, des idées serviles qui leur
faisaient croire qu'ils seraient éternellement privés de la liberté
et que cette liberté consisterait à passer d'une domination à une
autre. » L'article du 15 avril 1919, qui a pour titre « Les leçons
de l'Histoire », débute ainsi : « Les Arabes sont actuellement dans
une phase où ils fondent un *empire* qui, sans être nouveau, est
cependant éloigné des anciens empires arabes similaires qui ont
disparu. Cet empire a revécu aujourd'hui après plusieurs siècles,
grâce à son chef, le roi-chérif Hussein Ben-Aly..., etc. »

Il ne nous appartient pas de critiquer l'attitude des autorités britanniques en Egypte ni de rechercher plus longtemps si cette attitude, dans la question syrienne, leur est nuisible ou non en Egypte, mais il nous tient à cœur de dire, nous qui nous connaissons nous-mêmes mieux que les autres, combien elle nous est néfaste et préjudiciable. Le gouvernement britannique a déclaré officiellement qu'il n'acceptera pas de mandat pour la Syrie, c'est-à-dire qu'il se désintéressait des affaires de ce pays. Pourquoi continue-t-on ou laisse-t-on continuer, par des organes subventionnés et des agents en service, à influencer l'opinion syrienne? Pourquoi s'obstine-t-on aussi à maintenir des troupes britanniques à Damas et à Alep et à y multiplier les fonctionnaires choisis précisément dans les partis hostiles à l'intervention française, comme Iskandar Bey Ammoun, dernièrement appelé à un poste supérieur à Damas et dont nous venons d'indiquer l'acharnement contre cette intervention?

Nous regrettons sincèrement d'avoir été amené sur ce terrain, mais nous ne pouvions nullement l'éviter, car c'est là pour notre malheureux pays une question de vie ou de mort. Connaissant parfaitement les institutions libérales de la Grande-Bretagne et le haut degré de sa culture, les Syriens ne se seraient pas considérés malheureux de se voir doter d'une tutelle anglaise si les circonstances en avaient décidé ainsi. Mais elle a déclaré elle-même ne pouvoir l'accepter et ses propres accords ont désigné la France comme tutrice de la Syrie. Nous ne pensons pas que les Syriens aient lieu de s'en plaindre, car cela répond à leurs plus anciennes traditions. A la veille de la guerre, en 1913, c'est à Paris seulement qu'une délégation syrienne mixte, composée de musulmans et de chrétiens, élus par chaque région, se rendait pour demander des réformes pour la Syrie : Cette démarche mémorable est écrite dans l'Histoire avec le sang de plusieurs des membres de cette délégation, chrétiens et musulmans, que les Germano-Turcs s'empressèrent d'immoler sur l'autel de leur vengeance dès l'entrée en guerre de la Turquie.

A la veille de la libération de la Syrie, la Grande-Bretagne, par l'organe de son représentant officiel, feu Sir Mark Sykes, prenait soin de dissiper les doutes de quelques Syriens trop réservés et leur conseillait d'unir leurs vœux pour que « la France leur donne l'assistance indispensable dont un peuple longtemps opprimé a besoin avant de pouvoir marcher par lui-même ». (Réception au Comité Central Syrien de Paris le 23 décembre 1917.)

A la clarté de cette précieuse indication, les Syriens pouvaient demeurer tranquilles et attendre avec confiance, une fois leur pays libéré, que la France leur tendît la main pour les guider dans le chemin difficile qui doit les conduire à leur unité et à leur indépendance.

Mais non, les Syriens étaient leurrés. Des accords secrets ou plus exactement des projets d'accords — avaient été conclus dans l'ombre, vers 1916, à la faveur de quoi leur pauvre pays devait être, le jour même de sa libération, morcelé, déchiqueté, mis en pièces. La promesse de le libérer et de le placer, pour sa convalescence, sous la garde de la France, n'était qu'illusoire : La Syrie devait être réduite à sa côte, amputée du reste de son corps! Son cœur, sa tête et ses autres membres principaux devaient en être détachés et donnés à des princes et à des foules qui viendront de l'Est et de l'Ouest, princes étrangers et foules cosmopolites qui deviendraient maîtres du pays dans lequel seuls les Syriens seraient des étrangers. Jamais dans l'Histoire du monde pareil massacre politique ne fut imaginé!

La justice immanente ne voulut pas heureusement qu'un pareil forfait fût consommé et les accords qui l'envisageaient furent balayés par la défection russe et le principe du Droit des Nationalités proclamé par les Alliés et les Etats-Unis d'Amérique.

Mais leurs épreuves n'étaient pas terminées. Qu'imagine-t-on pour essayer encore d'évincer ces déshérités de tous les temps? Rien moins que l'application même, mais arbitrairement faussée pour les besoins de la cause, du fameux principe des nationalités! La Palestine avait été quelque temps, il y a dix-neuf siècles, la patrie du peuple d'Israël dont les millions de Juifs disséminés dans le monde professent aujourd'hui la religion, les Sionistes la revendiquent pour y envoyer le trop-plein de leurs miséreux d'Europe et d'Amérique : on la leur accordera comme « foyer national juif ».

Dans toute l'étendue de la Syrie le peuple parle l'arabe, or, avant les Turcs, les Arabes venus du Hedjaz, il y a treize siècles, en étaient les maîtres ! on donnera donc aux Arabes le territoire syrien habité par une majorité musulmane. Quant aux chrétiens, on leur détachera la côte où ils sont en majorité et on les placera, suprême bonheur ! sous le protectorat de la France ! Et nous voici revenus, grâce au principe des nationalités lui-même, au déplorable accord de 1916 !

Pour mettre sur pied ce camouflage, la diplomatie a fait simplement ceci : Elle a substitué, en plein vingtième siècle, dans l'établissement de la nationalité, la notion religieuse à la notion nationale ethnique.

Nous espérons établir, par les observations suivantes, combien cette procédure est arbitraire et exorbitante du principe moderne des nationalités et combien, si elle était appliquée pour le règlement de la question syrienne, elle serait désastreuse pour le pays, pour toutes ses populations et pour le repos des puissances.

Il est utopique de croire que la question syrienne pourrait être solutionnée par la division de la Syrie en trois zones, basées sur des considérations d'ordre confessionnel: la zone côtière (chrétienne), la zone intérieure (musulmane), la zone sud (juive). Cette solution n'en serait point une, car elle serait contraire aux règles élémentaires du principe des nationalités, comme il doit être compris en droit moderne, donc arbitraire et factice. Elle aurait pour effet de changer de fond en comble l'assiette du principe en question en le faisant dépendre d'une croyance religieuse, chose essentiellement personnelle et mobile, ce qui serait une conception monstrueuse. L'assiette d'une nationalité ne peut pas être une croyance religieuse : Un Américain, un Français, un Anglais, un Chinois, est libre d'être, à tout moment, et sur chaque parcelle du territoire national, chrétien, juif, musulman, athée. Un Syrien est libre d'être, à tout moment, et sur chaque parcelle de la Syrie, juif, musulman, athée, sans cesser d'être Syrien. Ce raisonnement resterait juste lors même que la région intérieure de la Syrie serait peuplée exclusivement de musulmans, la région côtière de chrétiens, et la Palestine de juifs. Or il n'en est même pas ainsi. Si une entité politique différente, basée sur la confession religieuse, était donnée à chacune de ces trois régions, que deviendrait le sort des chrétiens des régions musulmane et juive, celui des juifs des régions chrétienne et musulmane, et celui des musulmans des régions juive et chrétienne? Seraient-ils condamnés à rester étrangers chez eux ou contraints d'abandonner leurs foyers pour émigrer dans l'autre région? Et que décider des Druzes, des Nosséris et des adeptes de toutes autres confessions qui pullulent en Syrie et qui, dans cette division arbitraire, ne seraient chez eux dans aucune des trois régions? Et cette objection est encore plus typique pour la Palestine où l'élément juif est l'infime minorité (100.000 juifs à peine sur 730.000 habitants). Les 630.000 musulmans et chrétiens deviendraient étrangers sur un sol, hier leur patrie, érigé en patrie exclusive des 100.000 juifs indigènes et des juifs étrangers que le Sionisme voudra y transplanter!

L'Europe a-t-elle oublié l'échec éclatant subi, le siècle dernier, par un essai basé sur cette distinction qui avait consisté à partager le Liban en deux régions, Druze et Maronite, et n'a abouti qu'à l'anarchie et aux massacres? Et n'est-il pas aujourd'hui reconnu que si le régime instauré au Liban, depuis les massacres de 1860, a été si néfaste à la pauvre montagne, c'est en bonne partie à cause de la distinction rituelle qui est à la base de son protocole?

Mais indépendamment de ces raisons d'ordre pratique, il y a la raison du droit fondée sur l'histoire et l'ethnologie, la raison du progrès et de la Civilisation fondée sur la liberté de conscience qui doit être à la base de toute constitution d'État moderne, la raison économique fondée sur la géographie. Aucun Syrien, chrétien, juif ou musulman, débarrassé de tout sentiment rétrograde de fanatisme, conscient du réel intérêt social et économique de son pays, ne désire cette division, imaginée dans un but de désagrégation et de domination étrangère. Les Syriens, à quelque confession qu'ils appartiennent, ont la même nationalité une et indivise entre eux. La Syrie dans son ensemble est un tout indivisible, patrie commune de tous les Syriens qui, à des temps divers et par des vicissitudes que l'histoire connaît, étaient des juifs et des païens, sont devenus des chrétiens et des juifs, et enfin des musulmans, des juifs et des chrétiens, sans compter les diverses autres confessions moins répandues, et sans pouvoir dire exactement qui étaient, à une période plus ou moins rapprochée, juifs, chrétiens ou musulmans. Et toutes ces populations sont originaires de toutes les régions de la Syrie : Tels musulmans ou chrétiens de la côte sont venus de l'intérieur ou de la Palestine; tels autres, musulmans, chrétiens ou juifs de l'intérieur, de Damas ou d'Alep, sont venus de Palestine ou du littoral ; les Libanais maronites eux-mêmes, aujourd'hui majorité dans le Liban, en minorité dans l'intérieur, ne seraient-ils pas en partie originaires de la région Alépine ! L'histoire indique, en effet, que le patriarche Maronite, Youhanna Maroun II, a été forcé par les persécutions, vers l'an 939, à abandonner le siège patriarcal d'Antioche, sur les rives de l'Oronte, et qui comprenait 300 cellules, pour venir se fixer le premier au Liban. (Rapporté par Mgr J. Darian, édition 1916 au Caire, page 49 à 51, d'après les historiens El-Douéhi et El-Massoudi).

Si tel est l'enchevêtrement des origines et des confessions en Syrie peut-on raisonnablement diviser ce pays, sans amener sa mort, en diverses régions dont chacune serait assignée à une confession différente ? Transformer un pays, qui a déjà tant souffert de la politique de division, en des espèces de camps de concentration où seraient pour ainsi dire parquées ses pauvres populations, réparties par groupes religieux, voilà la solution la plus inouïe et la plus exorbitante du Droit des gens qui ait jamais été imaginée!

L'adopter serait une triple atteinte à l'unité du pays, à la liberté individuelle et à la liberté de conscience : Le Libanais réfugié de la plaine dans la montagne, comme le citadin descendu de la montagne pour habiter la plaine, le juif d'Alep ou de Beyrouth, comme le chrétien de Jérusalem, le musulman du Liban comme le chrétien de Damas, ont tous indifféremment autant de droit indivis sur chaque molécule de l'intégralité du territoire syrien. Chacun d'eux, sans rien perdre de ce droit ni les voir arbitrairement limiter à telle ou telle partie du territoire, peut rester ou devenir chrétien, musulman, juif ou libre-penseur.

III. — La Syrie et le Gouvernement théocratique

On ne peut pas imaginer, en ce siècle de laïcisation et de démocratisation à outrance, des régimes gouvernementaux, des pouvoirs temporels, basés sur des distinctions religieuses. Si l'on doit créer un Etat arabe musulman, un Etat palestinien juif, pourquoi ne restaurerait-on pas le pouvoir temporel du Pape ? Et si cela se faisait, pour être logique, l'Evangile n'aurait-il pas plus de droits sur la Palestine que le Talmud?

Non, des Etats théocratiques ne peuvent plus exister. Au point de vue qui nous occupe, il faut courageusement convenir que les malheurs de la Syrie ne datent pas seulement de la conquête turque, mais remontent et sont dus surtout à la conquête arabe, qui mit la religion à la base du gouvernement et légua ce virus, inséparable de sa constitution, au conquérant suivant, le Turc. Il faut marquer dès maintenant que tous les maux causés par les conquêtes arabe et turque sont inhérents à la constitution islamique même : la politique, dans l'Islam, est inséparable de la religion. Un prince chrétien peut gouverner sans l'Evangile, un prince musulman ne peut pas gouverner sans le Coran. Un Etat ayant donc à sa base la religion islamique (comme la religion mosaïque du reste) ne pourra jamais satisfaire au principe des nationalités dans sa conception moderne basée sur l'égalité des droits, la liberté de conscience et la séparation des domaines spirituel et temporel, religieux et civil. Dans l'Islam, le domaine religieux absorbe tout le domaine civil (politique, administratif, judiciaire). Les musulmans purs professent inébranlablement qu'ils ne sauraient avoir de différentes patries. L'Islam, voilà la patrie commune de tous les croyants de quelque pays et de quelque race qu'ils soient.

De telles conceptions ne sauraient plus subsister.

Les Syriens musulmans cultivés eux-mêmes, se rendant parfaitement compte de l'intérêt réel de la Syrie, conviennent loyalement que la nationalité ne saurait plus désormais dépendre d'une croyance religieuse ou d'une pratique rituelle. Cette erreur, qui a causé tant de mal à l'humanité, a vécu. Le vœu le plus ardent des Syriens conscients et de bonne foi, et qui devrait être celui de tous les diplomates soucieux de la tranquillité en Orient, est qu'elle ne soit pas ressuscitée et que ne soit pas compromise, par elle, l'éclosion de la nationalité syrienne. L'éminent diplomate qu'est M. Saint-René Taillandier l'a très bien compris : « Le pays compris entre le Sinaï et le Taurus, entre la Méditerranée et le désert, dit-il dans la *Revue des Deux-Mondes* du 15 février 1919, en parlant de la Syrie — semblait désigné pour être le berceau d'une même société politique. L'esprit théocratique, ce mauvais génie de l'Orient, trop bien représenté par les Turcs, n'a pas laissé cette société se former. Il a tout ramené à la religion, comme au seul lien qui unit les hommes. Il a mis à part les uns des autres, les musulmans, les juifs, les chrétiens... Il a, peu s'en faut, rendu étrangers l'un à l'autre deux villages voisins... »

Les libérateurs de la Syrie ne voudront certainement pas ressusciter ce mauvais génie, cet esprit de destruction, en établissant en Syrie ou dans une partie quelconque de la Syrie un gouvernement quelconque théocratique.

IV. — Les Syriens ne sont pas des Arabes

Outre le séparatisme régional confessionnel dont nous avons indiqué les dangers, et qui a même séduit quelques Libanais de bonne foi, hypnotisés par la perspective de l'indépendance de leur chère montagne, la propagande anti-syrienne a également à son service une autre arme non moins insidieuse : le totalisme arabe. Elle tend par tous moyens, — journaux arabes en Syrie et en Egypte, journaux d'Angleterre, déclarations officielles de l'Emir Faïçal, discours et propos d'agents et d'émissaires nombreux en Palestine, à Damas, à Alep, etc., à confondre les Syriens avec les Arabes, confondant ainsi tous les pays de langue arabe avec l'Arabie, en prenant soin toutefois d'en excepter l'Egypte...

Nous rappellerons à cet égard l'attitude de l'Emir Faïçal devant la Conférence où il s'est arrogé le droit de parler seul au nom de tous les pays de langue arabe, outre le Hedjaz. Nous rappellerons aussi son discours à un banquet qui lui fut offert à Paris, où il plaida pour les droits et les intérêts de la Tunisie et du Maroc, même... de la Syrie et de la Mésopotamie, en sautant par-dessus l'Egypte, s'il faut en croire la relation d'un journal anglais à ce sujet.

En Egypte même, un journal syrien réputé par sa dévotion à la cause des nationalistes égyptiens, a publié au courant du mois d'avril, des lettres d'un Mésopotaméen et d'un Syrien, dans lesquelles l'Egypte était représentée comme le centre du monde arabe, où chaque Arabe se considérait dans sa patrie. Pour accentuer la signification de ces articles, ils étaient précédés par le titre suggestif suivant : « Les yeux de la Nation arabe sont fixés sur l'Egypte ». Et cela se publiait au moment même où les troubles, surtout au Caire, battaient leur plein ! Plusieurs écrivains, et tous les Comités syriens en Syrie, en Egypte, en France et en Amérique, se sont élevés contre cette manœuvre consistant à confondre la question syrienne avec la question arabe, la Syrie avec l'Arabie, les Syriens avec les Arabes.

L'ancienne Arabie, croupissant dans un obscurantisme absolu, était bien éloignée, et elle l'est encore, des régions qui constituent le territoire syrien, et où florissaient tant de royaumes prospères et des peuples policés, acquis depuis des siècles à la civilisation par la philosophie gréco-romaine et les religions mosaïque et chrétienne.

Pendant que la ville de Damas, avec la grande région qui l'entourait et où l'élément araméen prédominait, se constituait en royaume qui devait devenir important sous le roi Rézon, tandis que la région du Bas-Oronte et d'Alep formait un royaume assez vaste, que les Sidoniens et les Phéniciens fondaient Carthage et les royaumes de Tyr, de Sidon et de Palmyre, quelle était la situation de l'Arabie ? « L'Arabie, située dans le voisinage de la plus ancienne civilisation historique, et au milieu même des premiers centres civilisés de notre ancien monde, n'est entrée elle-même dans l'histoire pour ainsi dire qu'à une époque moderne ». (M. Zaborowski, Membre de la Société d'Anthropologie de Paris). « Tandis que le Judaïsme et les autres branches des Sémites avaient eu leur développement, leurs annales et leurs monuments, l'Arabie avait sommeillé. Jamais race avant d'arriver à la conscience ne dormit d'un sommeil si profond. Jusqu'à l'Islam, l'Arabie n'a aucune place dans l'histoire intellectuelle, religieuse, politique du monde ».. (M. Ernest Renan. Histoire générale des langues sémitiques.)

Après l'apparition de l'Islam, les Arabes vinrent en Syrie en conquérants. La domination arabe étant très intolérante, une grande partie des populations syriennes, juive ou chrétienne, dut embrasser l'islamisme, et à la longue perdre l'usage de leurs langues propres (araméen, syriaque, hébreu, chaldéen, grec, etc.) et adopter l'arabe, langue du Coran, obligatoire pour tout musulman. La grande parenté de ces langues sémitiques avec l'arabe a d'ailleurs largement facilité cette adoption. Le même phénomène se produisait en Algérie, en Tunisie, au Maroc, en Egypte, où la langue arabe apportée et imposée par l'Islam effaçait et remplaçait les langues originaires.

Celles des populations syriennes restées fidèles à leurs anciens cultes devaient voir également, de génération en génération, tomber en désuétude l'usage de leurs langues, qu'aucun enseignement n'entretenait, qu'on évitait de parler à cause des persécutions, et qui finirent par être submergées par le flot montant de la langue arabe. Reléguées de l'usage courant, les langues des populations syriennes ont été pieusement conservées, pour servir de témoignages vivants, dans les temples et les églises où les diverses liturgies sont encore dites, en majeure partie, en syriaque, grec, etc. Saint Jean Damascène, Ministre des Ommiades, écrivait encore ses ouvrages en grec. De nos jours enfin, dans plusieurs villages près de Damas à Maaloula, à Yabaadin, à

Rancus, les gens du peuple, même les musulmans, parlent encore le syriaque plus que l'arabe. Quant au turc, langue des conquérants qui remplacèrent les Arabes en Syrie, il ne réussit jamais à s'y implanter, les Turcs n'ayant rien fait pour l'imposer et étant obligés eux-mêmes à apprendre l'arabe pour prier.

Voilà pourquoi l'arabe est parlé par la généralité des Syriens, sans qu'on puisse dire pour cela que les Syriens soient des Arabes.

Les habitants de la Syrie, quelle que soit la religion à laquelle ils appartiennent aujourd'hui, sont donc en grande majorité les descendants des anciens autochtones du pays : Araméens, Chananéens, Chaldéens, Phéniciens, Assyriens, etc., etc. De chacune de ces races il y a aujourd'hui des juifs, des chrétiens, des musulmans, des Nosséris, etc., car les conversions et les dissidences religieuses ont joué un grand rôle dans ce pays. En moins grand nombre sont les descendants des diverses races qui y furent de passage, comme les Hébreux venus de la Chaldée, les Perses, les Grecs, les Romains, les Francs et les Arabes. Ces derniers, essentiellement nomades, ne s'étaient jamais fixés en grand nombre en Syrie. Les historiens sont unanimes à constater que ce n'est pas avec les Arabes venus en Syrie que les Ommiades firent la grande prospérité de l'Empire qu'ils avaient créé, mais avec les Syriens eux-mêmes dont ils avaient adopté la nationalité. (J. Yanoski et J. David. *La Syrie Moderne.* Paris 1848.) (Voir également l'étude de M. Jean M. N. Kahil Bey : *Syriens et Arabes.* Caire 1919.) Tout cela expliqué, il faut ajouter qu'outre la séparation et la diversité des territoires d'Arabie et de Syrie, ainsi que la différence ethnique des populations de ces deux pays, une autre différence très importante, au point de vue qui nous intéresse ici, sépare diamétralement ces deux peuples et s'oppose à admettre la moindre intrusion des Arabes dans les affaires syriennes : l'Arabie a toujours été et est encore irréductiblement fermée à toute civilisation moderne, cependant que la Syrie, sans remonter à ses origines qui la rattachent aux premières civilisations de l'histoire et à la civilisation gréco-romaine, est depuis longtemps ouverte à la civilisation occidentale dans la voie de laquelle elle a déjà fait plus d'un pas. Dans ces conditions, il serait contraire à toute équité d'imposer aux Syriens, au moyen d'expédients factices, le contrôle ou l'intrusion dans leurs affaires, de voisins dont la mentalité, la culture, les mœurs, les aspirations et les besoins sont si différents des leurs.

V. — Solution de la Question Syrienne

Pour solutionner logiquement et équitablement la question syrienne, il suffit d'y appliquer loyalement, sans arrière-pensée, les principes mêmes proclamés par les Alliés, et, selon l'explication qu'en a donnée M. le Président des États-Unis d'Amérique, dans son discours du 27 décembre 1917, c'est-à-dire en mettant de côté « tout arrangement, tout compromis, tout raccordement d'intérêts. » Il faut donc avant tout annuler les arrangements pris avant la libération de la Syrie et exécutés au moment même de sa libération, en adjugeant Damas et Alep avec ses dépendances au roi du Hedjaz et en adjugeant la Palestine à des Juifs non-Syriens. Si le roi du Hedjaz a prêté son aide à la libération de la Syrie, il l'a fait avec le concours des Syriens eux-mêmes et dans les mêmes conditions que les Alliés, qui se sont interdit toute idée de conquête. Le Hedjaz n'a rien de commun avec la Syrie, pas plus qu'avec l'Egypte, la Tripolitaine et la Tunisie. Les Juifs non-Syriens, persécutés dans leurs pays respectifs, ont parfaitement le moyen de chercher refuge en Palestine, comme dans le reste de la Syrie, en se soumettant aux lois du pays où ils pourront se faire naturaliser.

Ces arrangements étant ainsi écartés, la Conférence n'aura qu'à envisager la reconstitution d'une Syrie intégrale, foyer d'une nationalité unique syrienne, sans distinction de sectes et de religions, sur la base d'un système fédératif et d'un régime de gouvernement démocratique sans aucun caractère religieux, le seul capable de conduire la Syrie dans la voie de l'union nationale, et, partant, de la civilisation et du progrès, l'union entre les habitants d'un même pays formant la base essentielle de son progrès et de sa prospérité.

Si la Conférence n'est pas parvenue à se former jusqu'à ce jour une idée exacte sur la solution appropriée à la question syrienne, c'est précisément à cause des complications dont on a enchevêtré cette question, au point d'en faire un problème insoluble ; et c'est le « système du raccordement des intérêts » auquel le Dr. Wilson a fait allusion qui en est responsable.

En effet, la Syrie n'a été représentée officiellement à la Conférence que par le prétendant à sa domination, l'Emir Fayçal, fils du roi du Hedjaz, et par la Commission sioniste, composée de citoyens de pays alliés. Ceux de ses enfants qui ont plaidé sa cause se sont vu refuser la qualité de mandataires de leurs compatriotes par la Presse anglaise et même par le gouvernement britannique lui-même. Dernièrement, à la Chambre des Communes, le représentant du Foreign Office, interrogé sur la qualité du Comité Central syrien de Paris, a répondu que « ce Comité, composé d'un grec-orthodoxe, d'un grec-melchite, d'un maronite, » d'un juif et d'un musulman, prétend avoir mandat de parler au » nom de la Syrie, mais que leurs compatriotes de Syrie et même » de l'étranger leur contestent ce droit. »

Voilà donc une des principales puissances alliées, qui, après avoir reconnu ce comité (déclaration de Sir Marc Syhs au Comité Central Syrien, 23 décembre 1917), conteste sa qualité et conteste du coup les revendications qu'il présente au nom de tous les Syriens instruits et vraiment intéressés à une reconstitution rationnelle et équitable de la Syrie, de ceux-là mêmes qui ont toujours motivé l'intervention des puissances européennes en leur faveur, soit au temps de la domination arabe par les Croisades, soit dans les affaires intérieures de la Turquie, par des démarches isolées ou collectives, de ceux-là enfin qui forment la majorité intellectuelle en Syrie et qui sont destinés à la pousser dans la voie du progrès, sous l'égide de la puissance mandataire de la Ligue des Nations.

Par contre, la Presse anglaise et le gouvernement britannique ne reconnaissent comme mandataire de la Syrie que le fils du roi du Hedjaz. Les journaux officieux arabes de l'autorité militaire britannique au Caire, en Palestine et en Syrie sont unanimes à soutenir cette thèse, et l'espace nous manquerait pour faire des citations. Il nous suffira de rappeler le passage d'un discours par lequel le général Allenby a répondu aux notables de Damas, réunis au « Club Arabe », le 9 mars dernier, quelques jours avant son dernier voyage pour Paris, où il exhortait ses auditeurs inféodés à la politique du Hedjaz à « avoir confiance dans la Conférence et dans Son Altesse l'Emir Faiçal », qui défend leurs intérêts. (Journal *El-Kankab*, du 11 mars 1919.) Dans ce même numéro et à la même colonne, ce journal rendait compte d'une importante manifestation faite à Damas, la veille de l'arrivée du général, ayant pour but de protester avec véhémence contre les déclarations de M. Pichon, relatives à la tutelle de la France sur la Syrie, qui avaient déjà fait l'objet de protestations écrites remises au commandant militaire.

Déjà, ce même journal, dans son numéro du 18 février 1919, informait le public que l'Emir Faiçal avait écrit à Damas pour annoncer que ses pourparlers en faveur de l'indépendance des *pays arabes* progressaient d'une manière satisfaisante. Notez qu'il est toujours question de « pays arabes » et non de la Syrie.

L'attitude de la Grande-Bretagne, dans la question syrienne, semble inspirée par deux motifs principaux :

1° En ce qui concerne la Palestine, la nécessité de protéger le canal de Suez et l'Egypte contre toute invasion ou attaque étrangère ;

2° En ce qui concerne le reste de la Syrie, la nécessité d'assurer la sécurité de la ligne de chemin de fer partant de l'Egypte et aboutissant aux Indes.

Le premier motif n'est nullement assez sérieux pour entraîner le morcellement de la Syrie.

Un savant anglais distingué, le recteur de l'Université d'Aberdeen, sir George Adam Smith, dit à ce sujet, dans la brochure *Syria and the Holy Land*, 1918, page 53 :

« La frontière méridionale de la Syrie, de temps immémorial, a été une ligne partant d'El-Arish, sur la côte, jusqu'au golfe d'Akaba — tout le désert au delà de cette ligne ayant été considéré comme appartenant à l'Egypte. Au point de vue militaire, dans l'antiquité, au moyen âge, et en réalité jusqu'au temps de Napoléon, ce désert était considéré comme une barrière, un rempart aussi puissant que possible entre les deux pays... Les moyens modernes de transport ont, il est vrai, rendu le désert syro-égyptien un peu moins redoutable ; malgré cela, il est douteux que l'Egypte et le canal de Suez aient besoin d'un Etat tampon en Palestine et particulièrement sur le plateau de la Judée (comme les Sionistes le prétendent pour faire appel aux intérêts britanniques). D'ailleurs, si cet Etat tampon était constitué, quelle serait sa frontière, au Nord ? Difficilement, la plaine d'Esdrelon, car cette frontière n'est ni politique ni stratégique. Si on devait choisir une autre ligne de frontière naturelle, qui serait Nahr-el-Kasimieh, alors l'Etat tampon aurait besoin lui-même d'un « tampon », car, dans ce cas, la frontière Nord resterait sans défense au pied d'une grande muraille montagneuse... Un Etat ami dans la Syrie du Sud serait en réalité un appui, mais non indispensable, pour la sécurité du Canal ou de l'Egypte. »

A ces arguments péremptoires, nous ajouterons que, une fois la Palestine occupée par la Grande-Bretagne, la nécessité de couvrir ses frontières l'amènera à convoiter le reste de la Syrie, et ses démêlés avec la puissance voisine, même amie, deviendront inévitables et mettront en péril la tranquillité du pays. Si on oppose à cette crainte l'amitié de sa voisine, cette amitié pourrait tout aussi bien, et plus sûrement, la garantir contre toute attaque contre le Canal et l'Egypte.

Le second motif n'est pas plus plausible.

Le besoin d'établir de longues lignes ferrées ne peut entraîner l'absorption des pays par lesquels ces lignes passent, au profit de la puissance dans le domaine de laquelle elles aboutissent. Des arrangements internationaux suffisent à y assurer la libre circulation. L'essentiel est de ne pas permettre l'existence, sur son long parcours, de nations incivilisées soustraites au contrôle de puissances fortes et civilisées.

Quant à la tête de ligne nécessaire au chemin de fer Caire-Bagdad, etc., il n'est point indispensable de l'établir à Haïfa, car cette ligne est déjà raccordée au Caire et à Port-Saïd par Kantarat, sur le Canal même, et la voie de Port-Saïd, pour les communications maritimes, est plus rapide que celle de Haïfa.

Mais si, malgré toutes ces raisons et la sécurité que la Grande-Bretagne devrait suffisamment trouver dans le système de ses alliances et dans la constitution de la Société des Nations, sa présence en Syrie était jugée indispensable à sa sécurité, ce n'est pas en morcelant ce malheureux pays que les puissances devraient assurer cette garantie à la Grande-Bretagne, mais en lui confiant le mandat sur son intégralité. Nous n'avons pour cette grande puissance que des sentiments d'admiration et de gratitude, et nous n'aurions aucun inconvénient à la voir s'établir chez nous, si elle y a plus de droits qu'une autre puissance.

Il n'est donc pas étonnant, après tout ce qui précède, que la question syrienne devienne confuse et compliquée, et on profite de l'embarras où cette confusion jette la Conférence pour lui proposer, comme porte de sortie, de se renseigner sur place sur les dispositions et les vœux de la population. Cette proposition avait été, dès le début, imaginée par ceux-là mêmes qui avaient fait dévier l'opinion syrienne en faveur d'une reconstitution théocratique de la Syrie, et le Comité qui les représente au Caire et qui s'est prêté à cette combinaison rétrograde, celui qui, après cinq ans d'existence, s'est affublé du nom de l'Union Syrienne, ce Comité, disions-nous, en a revendiqué la paternité par une lettre de son secrétaire, publiée dans les journaux du Caire, le 31 mars dernier.

Lorsque le Dr. Bliss, recteur de l'Université américaine de Beyrouth, a suggéré la même idée à la Conférence, il était déjà sous l'impression de l'état d'esprit nouveau qui s'est manifesté dans le pays à la suite de la mainmise du descendant du Prophète arabe sur la Syrie et dont les Syriens sont devenus « les sujets » (voir son manifeste, publié dans le journal officiel hedjazien *Al Qibla*).

Après avoir hésité à employer ce moyen d'information, la Conférence a fini par céder devant l'opinion autorisée du libérateur de la Syrie, le général Allenby, s'il faut en croire la version du journal de l'état-major *Al Kawkab*, qui l'a affirmé. Et la Syrie ne peut que déplorer que son libérateur ait appuyé une telle proposition et une telle politique.

Il est hors de doute que l'enquête de la Commission n'apportera aucune lumière nouvelle à la Conférence, d'autant plus qu'elle a été précédée en Syrie par des agents qui vont achever de fausser l'opinion publique par une nouvelle manœuvre.

En effet, aussitôt que la Conférence eut décidé l'envoi de ladite Commission, un compagnon de l'Emir Faiçal, Nouri Pacha El Saïd, vint de Paris au Caire, où il séjourna quelques jours, et annonça que l'Emir a demandé à M. le Président des Etats-Unis d'accorder à la Syrie la tutelle de son gouvernement, et que le président la lui a promise, si la Syrie la demande. Il a fait valoir, entre autre, que la France est affaiblie et appauvrie par la guerre au point que ses officiers mendient dans les rues de Paris.

Déjà la France avait été dénigrée par d'autres manœuvres en Syrie même. Ainsi, on représente aux musulmans que là France ne protège que les chrétiens, et aux chrétiens non-catholiques qu'elle est la protectrice des catholiques. On amène ainsi les uns et les autres à préférer toute autre puissance qu'elle. On rappelle aux musulmans les Croisades, mais on se garde bien de dire que parmi les Croisés il y avait des Allemands, des Anglais, etc., et qu'un roi d'Angleterre, en même temps qu'un roi de France, combattit contre le plus célèbre de leurs sultans ! Au contraire, un orateur syrien musulman, voulant honorer un gouverneur anglais qui visitait son pays, a représenté ce roi comme un ami dudit sultan (!) et il a fait remonter à l'amitié (?) de ces deux souverains (Richard Cœur de Lion et Saladin) l'amitié séculaire des Arabes et des Anglais (?) (Conté par *El Kawkab* du 11 mars 1919).

On ne leur dit pas que le gouvernement français est areligieux, ce que les puissances centrales faisaient bien valoir pour discréditer la France aux yeux des chrétiens du monde et du Vatican même. On ne leur dit pas non plus que la France est une puissance musulmane qui a su conquérir l'affection de tous ses sujets musulmans, dont beaucoup ont versé leur sang pour elle. Mais on leur dit encore bien autre chose, qui contribue à la faire abhorrer par les Syriens.

Du Caire, Nouri Pacha s'est rendu à Damas, suivi peu de jours après par la plupart des membres du Comité de l'Union Syrienne, qui ont trouvé toute facilité auprès des autorités militaires pour faire ce déplacement, alors que d'autres de leurs compatriotes attendent l'autorisation depuis des mois, et parmi eux des adhérents au Comité Central syrien de Paris.

Déjà, peu de temps avant l'arrivée de l'envoyé de l'Emir Faiçal, s'était déclanché au Caire un mouvement analogue favorable à une tutelle américaine, sitôt après que fut connue la déclaration de M. Lloyd George que l'Angleterre décline tout mandat en Syrie. On a fait valoir que les Etats-Unis, contrairement à la France et à l'Angleterre, n'ayant pas de visées coloniales en Syrie, ni d'intérêts dans la Méditerranée, nous assurera l'intégrité de la Syrie.

Il est évident que les Syriens seraient heureux d'être guidés par les Etats-Unis, autant que par la France ou l'Angleterre, si la tutelle de chacune de ces puissances s'exerçait sans l'intermédiaire d'intrus et sur l'intégralité du pays. Mais si nous savions que des accords existaient entre la Grande-Bretagne et la France, impliquant le morcellement de la Syrie, nous avons appris récemment que la nation américaine, par l'organe de son illustre président, de même que par l'organe de ses représentants légaux du Sénat et de la Chambre des députés, dont la majorité est acquise aux revendications des Sionistes, a sanctionné l'établissement d'un Commonwealth juif en Palestine, et que les délégués de cette nation à la Conférence n'ont formulé aucune objection à l'intrusion du roi du Hedjaz en Syrie. Par conséquent, les raisons que donnent les promoteurs de ce nouveau programme syrien sont inexistantes et les trois alliées se trouvent dans une situation identique par rapport à la question syrienne. La manœuvre n'aurait donc pour but que de desservir la France.

Il n'en serait plus de même si M. le Dr. Wilson, tenant à la stricte application du principe des nationalités, combiné avec les dispositions de l'article 12 des conditions de la paix, qu'il a établies lui-même, relatives aux pays non-turcs, obtenait de ses alliées l'annulation complète de leurs accords, et, considérant comme transitoires les mesures prises pendant l'armistice pour le gouvernement de la Syrie, parvenait à rétablir l'intégrité territoriale et l'unité politique de la Syrie, excluant l'intrusion d'éléments étrangers.

Dans ce cas, si la France, l'Angleterre s'abstenant, trouvaient quelque objection à accepter un mandat dans une Syrie reconstituée sur cette base, le peuple syrien supplierait le gouvernement des Etats-Unis de lui accorder sa tutelle.

Mais si le morcellement projeté de la Syrie devait être maintenu, si des ports importants devaient lui être enlevés, si elle devait être partagée entre diverses puissances, avec la prédominence des gens du Hedjaz, ce serait sa mort économique et politique qui serait ainsi décrétée.

Le Caire, le 15 mai 1919.

A. SFEIR, *Président* et ALPHONSE ZÉNIÉ,
*Secrétaire général de la Fédération des Comités Syriens
et Libanais d'Egypte.*

Les Agissements de l'Emir Faiçal

Le Président du Comité Central Syrien
a adressé à M. Georges CLEMENCEAU,
Président de la Conférence de la Paix,
la lettre suivante :

MONSIEUR LE PRÉSIDENT,

Devant les récentes déclarations publiques de l'Emir Faiçal, notamment son dernier télégramme à la Conférence.

J'ai l'honneur, au nom du Comité Central et des comités syriens et libanais à l'étranger de protester avec la plus grande énergie :

1° Contre les affirmations donnant à croire aux Syriens de Syrie, tenus dans l'ignorance des événements, que ces colonies demandent l'indépendance complète de la Syrie sans restrictions ni conditions;

2° Contre les termes de son télégramme où il déclare « qu'il est autorisé par les délégations de toutes les parties de la Syrie à veiller aux intérêts de leurs mandants et à faire connaître les opinions de ceux-ci aux grandes puissances » — opinions qui tendent, d'après ses manifestes de Beyrouth et de Damas, « à le charger de la représentation à l'extérieur et de l'organisation intérieure de la Syrie avec — si le besoin s'en imposait, — une aide étrangère « qu'il achèterait et paierait ».

Et subsidiairement, contre le télégramme que lui envoie le roi son père, télégramme dont la tendance est trop visible et où le roi Hussein menace de se retirer si la Conférence décide de placer le pays (lequel?) sous un protectorat ou un mandat, acceptant toutefois « que le Hedjaz, son royaume, soit dépendant de la Syrie ou de la Mésopotamie, voire même du Nedjed ».

A l'appui de cette protestation, je me permets d'exposer à la Conférence de la Paix :

Que d'une part, le vœu des colonies syriennes et libanaises est contrairement à ce que déclare l'émir et comme il appert des documents présentés à la Conférence le 13 février dernier et des déclarations de la délégation officielle libanaise : l'indépendance de la Syrie dans ses frontières intégrales et son organisation en provinces fédératives avec un gouvernement démocratique, sous l'égide de la France, condition à laquelle le Liban subordonnait sa participation à l'union syrienne ;

Que d'autre part les mandats des délégations dont son télégramme dit qu'elles viennent de toutes les parties de la Syrie pour le prier de veiller aux intérêts de leurs mandants, sont entachés de nullité par les moyens employés pour les obtenir dans un pays où il lui est laissé scandaleusement toute latitude et toutes facilités matérielles et morales d'exercer une pression, rappelant les plus mauvais jours du régime turc, sur des populations à qui il est parvenu à faire croire qu'il agissait en parfait accord avec les Etats alliés.

Les exemples de cette pression abondent : outre sa propagande dont on dirait les ressources matérielles inépuisables, outre le faste dépassant les moyens du budget hedjazien, avec quoi il frappe l'imagination d'un peuple sorti à peine de la famine et de cinq ans d'un indescriptible martyre et qui croit être abandonné par la France, outre les fonctions dispensées aux uns et promises aux autres il y a la pression brutale de la force que ses agents ne craignent pas d'employer et qui, écrit-on de Syrie, de source digne de confiance, aurait notamment à Ferzoul dans la Bekaa, coûté la vie à huit jeunes gens pour avoir refusé de signer en sa faveur.

Et la Syrie, anxieuse, se demande :

1° D'où viennent à cet Emir et cette puissance et cette impunité et cette inépuisable source en argent dont il use si largement ?

2° Et de qui tient-il ce droit singulier, lui, étranger, de se poser en champion des libertés syriennes et de se comporter dans le pays en souverain omnipotent, nommant et révoquant les fonctionnaires locaux et procédant par recrutement à la constitution d'une armée dans le but de s'opposer, à un moment donné, à toute réorganisation contraire à ses ambitions ?

Il ne saurait évidemment puiser ce droit dans sa qualité de belligérant dont lui et son pays ont été largement récompensés, ni même dans sa descendance sainte, la Syrie musulmane comptant des « Sayeds » égaux en titre et qui sont de plus de nationalité syrienne consacrée par des siècles de séjour en Syrie.

J'ai le devoir d'ajouter, au nom de mes mandants, que cette protestation ne vise que des faits dont le scandale éclate à tous les yeux et dont les conséquences pourraient être très graves pour tous, qu'aucun sentiment contre la personne de l'Émir Faiçal ni contre quiconque représentant de nos frères musulmans syriens, ne la dicte, qu'elle est inspirée uniquement de l'intérêt commun des populations sans distinction et que dans les milieux musulmans éclairés — si on y était libre d'exprimer une opinion — celle-ci serait conforme à la nôtre, à savoir :

La crainte d'un pouvoir théocratique d'essence et à base religieuse qui — si les buts de l'émir Faiçal ou ceux du roi son père étaient atteints — ne serait tempéré par aucune autorité supérieure ni contrôle opérant.

Et la volonté d'obtenir de la justice élémentaire des Alliés une Syrie intégrale, gouvernée et administrée par ses nationaux et guidés et conseillés par une grande puissance européenne alliée.

Veuillez, etc.

(Protestation du Comité Central syrien, 14 juin 1919.)

L'Intrusion Hedjazienne

Au lendemain de la libération de la Syrie par les armées alliées, deux princes ont surgi, hier encore complètement ignorés de l'Europe et guère mieux connus de pays limitrophes du leur : le chérif de la Mecque, Hussein, élevé à la dignité de roi du Hedjaz par l'Entente, et son fils le prince Faiçal. Ces nouveaux venus avaient collaboré à la victoire, le premier en rompant avec la Porte, le second en commandant un détachement sous les ordres du général Allenby. L'indépendance de leur pays avait été le prix de leur modeste concours. Ils apparurent sur la scène diplomatique pour demander davantage. Ils réclamèrent la constitution en empire des pays de langue arabe ; ils prétendirent ressusciter de vieux empires irrévocablement dsiparus et dont le souvenir s'est vaguement perpétué chez eux comme une sorte de légende.

Le prince Faiçal est venu en Europe pour exposer ce programme. Il l'a développé le 6 février dernier devant la Conférence de la Paix. Ses idées soulevèrent d'ardentes protestations de la part de tous les peuples auxquels il prétendait imposer la domination hedjazienne.

Sur les conseils de la puissance particulièrement influente en Arabie représentée auprès de lui par le colonel Lawrence, le prince Faiçal a bientôt compris la nécessité d'une évolution et s'y est résigné de bonne grâce. Il a abandonné son projet primitif pour jeter son dévolu sur le gouvernement de la Syrie.

Entrant dans ces vues, le roi Hussein a proposé, avec une apparente abnégation, qu'il soit créé un royaume arabe dont la Syrie prendrait la direction, et il s'est déclaré tout prêt à accepter l'incorporation de l'Arabie à ce nouveau royaume.

Ainsi l'empire arabe serait constitué quand même, une direction syrienne étant simplement substituée à la **direction** hedjazienne prévue tout **d'abord**.

Naturellement, le prince Faiçal prétend gouverner cet

Etat et l'Angleterre est favorable à cette prétention. Quand les Syriens s'élèvent contre ses agissements, l'Emir répond que leurs protestations sont inexistantes, car lui seul est mandaté pour parler en leur nom. Or les prétendus mandats dont il se pare ont été arrachés à quelques Syriens par la violence, comme le démontre la récente exécution capitale, dans la Bekaa, de huit jeunes gens coupables seulement d'avoir résisté à sa politique.

Il est de notoriété publique que le Hedjaz, pays particulièrement pauvre, est incapable de fournir au prince les sommes énormes qu'il répand sans compter. Il est de notoriété publique que ces sommes sont fournies par la puissance qui a imposé le prince Faiçal à la Conférence de la Paix et qui l'impose aujourd'hui à la Syrie. Pourquoi?

C'est bien imposé, qu'il faut dire, car que demande l'opinion syrienne? Sa condamnation de la politique hedjazienne est très nette. Elle réclame l'indépendance d'une Syrie intégrale, gouvernée et administrée par ses nationaux sous la garantie d'une grande puissance européenne choisie parmi les Alliés. Elle demande que cette puissance soit la France qui est unie à la Syrie par une amitié traditionnelle étroite, et qui a été désignée pour ce rôle par des accords internationaux. Les Syriens n'ont exercé aucune influence sur ces accords; ils étaient certains que la puissance mandatée par les Alliés, quelle qu'elle soit, leur apporterait la liberté et le progrès auxquels ils aspirent : ils ont applaudi au nom de la France parce que c'est à elle que vont leurs plus ardentes sympathies.

Mais, avant tout, la Syrie est nettement et profondément hostile à la domination hedjazienne ; elle est hostile à l'indépendance totale sans aucun concours, car une pareille indépendance aboutirait nécessairement à l'anarchie ; elle est hostile au morcellement du pays en zones d'influence qui détruiraient l'unité nationale ; elle est hostile à la doctrine qui prétend confondre en une seule nationalité toutes les nationalités différentes faisant usage de la langue arabe, de même qu'elle est encore hostile à cette autre doctrine qui cherche la preuve de la nationalité dans la religion.

Les Syriens sont des hommes cultivés et de vieille civilisation, leur pays est riche et appelé à une très grande prospérité. Comment accepteraient-ils la domination plus ou moins déguisée du Hedjaz, peuplé de tribus nomades qui n'ont accompli aucun progrès depuis l'époque de Mahomet ? Comment pourraient-ils se plier au joug de primitifs ? Et s'ils tiennent à avoir à leur tête un chef ayant un prestige religieux, seront-ils embarrassés pour le désigner parmi les descendants du prophète de nationalité syrienne?

La Syrie a le droit de déclarer à la puissance protectrice du prince Faïçal que ses intérêts élémentaires, que son avenir, que ses sentiments lui interdisent de consentir à un système politique qui serait plus qu'une erreur : une atteinte à la civilisation. La domination des Bédouins sur la Syrie créerait dans ce pays acquis aux idées modernes un pouvoir théocratique néfaste ; elle donnerait un démenti à tous les principes au nom desquels a été poursuivie la guerre et remporté la victoire.

Dr Georges SAMNÉ.

(Extrait du rapport annuel du Comité Central syrien. Paris, juin 1919).

LES
DISCOURS DE l'EMIR FAYÇAL
en SYRIE

D'un discours de l'Emir à Beyrouth :

« L'indépendance se prend et ne se donne pas. Le monde nous a donné l'indépendance, mais il nous reste à la prendre et à demander une indépendance complète, absolue, exempte de tout défaut. Quiconque demandera l'Angleterre, l'Amérique, la France ou l'Italie, n'est pas des nôtres. Nous avons besoin de réformes; mais nous appellerons des conseillers et des spécialistes et nous les emploierons dans notre pays comme simples employés seulement.

« Toutes les puissances alliées se sont accordées pour nous donner l'indépendance. Nous n'avons qu'à tenir à cet accord et à montrer à la Commission interalliée qui arrivera prochainement, que nous sommes une Nation vivante digne de l'indépendance qui nous est indispensable pour vivre. »

D'un autre discours prononcé le lendemain, devant les notables convoqués *ad hoc* :

« Nous devons être unanimes à demander l'indépendance. Les peuples d'Occident ne savaient rien de la nation arabe avant mon voyage en Europe; ils avaient des Arabes une opinion que je ne peux pas vous expliquer (textuellement : ils regardaient les Arabes d'un regard que je ne peux pas vous définir). »

Il a conclu ce discours ainsi :

« La Commission interalliée arrivera bientôt en Syrie pour se rendre compte des vœux du peuple; son rapport sera le guide de la Conférence. Agissons unis pour nous assurer l'indépendance absolue. Je ne nie pas que nous ayons besoin d'une aide matérielle, économique et scientifique; mais cette aide nous devons nous la procurer en la payant après avoir obtenu l'indépendance absolue. Nous serons ainsi des maîtres et non des esclaves dans notre pays.

« Si, à Dieu ne plaise, vous ne demandez pas l'indépendance absolue qui vous préparera la voie du bonheur et de la prospérité après la servitude et la misère, je la demanderai moi-même, certain que si nous demandons l'aide avant de nous être assuré l'indépendance, cela nous entraînera à l'asservissement que nous n'accepterons jamais. »

Extrait du Discours de l'Émir FAYIAL

prononcé à DAMAS le 7 Mai 1919

...Il faut que la Syrie soit indépendante, de même que l'Irâq. Il ne faut pas que son indépendance soit troquée contre l'aide dont elle aura besoin au début de sa constitution. La nation syrienne veut être indépendante. Elle veut aussi payer le prix de l'aide qu'elle voudra demander (à l'étranger)...

... Bien que les personnes ici présentes ne représentent pas leur pays d'une manière légale, leur situation et leur rang social font qu'elles représentent moralement leur pays. Aussi veux-je leur demander : Est-ce bien ce que nous avons fait, oui ou non? — Bien. Bien.

— Est-ce que la nation me permet dorénavant de diriger le mouvement politique intérieur et extérieur, oui ou non?... Oui. Oui. « Vive notre Emir Faiçal ».

— Est-ce que la nation approuve toutes mes paroles et tous mes actes, aussi bien à l'intérieur qu'à l'extérieur, et m'aidera-t-elle à obtenir tout ce que je demande, sans aucune condition, sans aucun lien, oui ou non?... — Oui, à toi d'ordonner...

Et Nouri pacha Ech Chaalâne, grand Cheik de la tribu de Roula, de déclarer : « Nous les Arabes et nos familles et nos tentes sommes à ta discrétion et plus soumis à toi que tes propres mains. Celui qui n'agit pas de même est en dehors de la religion de l'Islam...

Manifeste de l'Émir Faiçal aux Syriens

Me voici de retour dans la patrie après l'avoir quittée cinq mois. J'ai communiqué au monde occidental civilisé vos revendications que vous m'aviez chargé de lui communiquer. L'indépendance de votre pays a été décidée en principe, et il a été décidé aussi d'envoyer une commission interalliée chargée de s'enquérir sur vos desiderata que j'ai transmises aux Occidentaux; cette Commission arrivera au courant des deux semaines prochaines.

Ainsi s'est terminée la partie la plus importante de notre tâche extérieure, grâce aux bonnes intentions des quatre grandes puissances, à leur loyauté et aux principes élevés dont elles ont fait leur règle, conformément aux souhaits de la Nation.

Reste la tâche intérieure qui incombe à cette Notion entière; c'est elle seule qui en est responsable, et le succès de cette tâche dépend d'elle. Le peuple doit exécuter ce qui sera décidé par le Congrès Syrien Général qui se réunira prochainement.

Les puissances vous souhaitent le succès; et moi, je vous demande de prouver à la dite Commission, qui donnera un témoignage impartial, favorable ou défavorable, que vous méritez l'indépendance, que vous êtes capables d'administrer vous-mêmes vos affaires et que vous n'êtes pas, comme d'aucuns le prétendent, des moutons qu'on marchande. Affirmez (et la patrie sera fière de vous) devant le monde et l'histoire que vous êtes une nation qui sacrifie tout ce qui lui est cher pour atteindre le but le plus honorable : l'indépendance, et je vous y aiderai, moi qui suis des vôtres.

Je ne doute pas que vous êtes unis dans la revendication de votre droit évident et dans les efforts déployés avec toute la force dont vous êtes capables pour l'obtenir; que vous travaillez pour un but unique et avec sincérité et énergie, par amour pour votre patrie, tout en gardant votre calme et votre prudence.

J'espère que vous prouverez au monde que vous êtes les petits-fils de ces ancêtres qui étaient les champions de la liberté et les apôtres de la justice; l'histoire en fait foi. Les succès des colonies syriennes répandues dans tous les pays du monde remplissent de joie tous ceux qui aiment ce pays; elles ont proclamé dans le monde que le bonheur, tout le bonheur, réside dans l'indépendance absolue sans réserve ni condition. Si, malgré leur dispersion, vos compatriotes émigrés n'admettent que ce régime, vous qui êtes réunis, serez plus attachés aux droits de votre patrie. Vous serez indépendants dans votre pays comme vous l'êtes dans votre foyer (maison). Chaque région réglera ses propres affaires elle-même en respectant ses traditions et ses coutumes. Quant à l'aide dont nous aurons besoin, nous l'achèterons au prix qu'elle voudra.

Voilà, ô mes compatriotes (?), ce que j'aimerais vous voir tenir présent dans votre esprit et que vous soyez un exemple vivant et un modèle pour vos fils et vos petits-fils.

LES INTRIGUES
autour de la Question Syrienne

Les événements qui se succèdent rapidement modifient de jour en jour la situation et, avec elle, les idées. Depuis la nomination de la fameuse Commission d'enquête en Syrie, les Syriens d'Egypte s'emploient à débrouiller l'écheveau d'intrigues nouvelles qui se forment autour du sort de notre malheureux pays. Après le voyage précipité du général Allenby à Paris, qui est allé arrêter la relève imminente, nous avons assisté au départ de tous les agents de l'indépendance, soit libanaise, soit syrienne, vers Beyrouth, Damas, Alep et d'autres lieux.

Puis est venu de Paris Noury Bey ou Pacha El Saïd, envoyé par S. A. R. Faiçal (!!) qui s'est mis à prêcher la doctrine pro-américaine, représentant la France comme épuisée, appauvrie au point que ses officiers mendient dans les rues de Paris !...

Il repart pour Damas en aéroplane. Il est suivi de Saïd Pacha Chokair, qui va conseiller le Conseiller financier français !! Puis, c'est le tour de Skandar Ammoun, qui va occuper le poste de Ministre de la Justice.

Nous comprenions bien que tout cela avait pour but de préparer le référendum. Mais, d'après nos amis français, nous nous trompions : la Commission ne viendra pas : la question syrienne est réglée : M. Clemenceau s'est mis d'accord avec Faiçal. Cependant, les journaux annoncent la prochaine arrivée de la Commission.

Deux membres de notre Comité d'Alexandrie se rendent à Beyrouth et nous envoient des dépêches rassurantes : « La situation est bonne, rassurez nos amis. » C'est bien. Mais la Commission.

Je reste sceptique, malgré que M. Pontalis, ministre de France, m'ait assuré que les Anglais ont coupé les vivres à Faiçal. N'est-ce pas seulement la route des vivres qui est changée ? La Mecque au lieu de Damas ?

Faiçal arrive en Syrie : il est reçu à Beyrouth avec des honneurs royaux, courtisé à l'envi par les autorités militaires anglaises et françaises. Cela lui donne un énorme prestige, car on sait quelle impression les honneurs produisent sur l'esprit des populations orientales.

Les nouvelles rassurantes auxquelles j'ai fait allusion, et provenant soit de nos amis de Beyrouth, soit de M. le consul général Bonzon, qui en revenait, étaient postérieures à l'arrivée de Faiçal. Nous avons pensé que cet enfant gâté des Alliés devait avoir manifesté des sentiments favorables, qui ont éclairci l'horizon. Il doit avoir déclaré ses préférences pour une tutelle française et convaincu les populations de la nécessité de cette tutelle, tempérant ainsi les tendances à l'indépendance absolue.

Nos craintes s'étaient un moment assoupies. Mais, en parcourant les journaux de Syrie, rendant compte des faits et gestes de l'Emir, et particulièrement ceux de Damas, qui sont plus explicites, nous y lisons un manifeste, ou plutôt un rescrit royal, adressé par Faiçal à ses sujets syriens, dans lequel il cherche à les préparer à répondre à la Commission interalliée dans le sens qui lui est cher : en demandant l'indépendance absolue sans réserve ni condition, l'aide étrangère devant être payée. Ils doivent prouver qu'ils ne sont pas des moutons qu'on marchande.

Nous y lisons des allocutions prononcées à Beyrouth et à Damas, où il est plus explicite. Il y dit notamment : « Ceux qui de-
» mandent l'Amérique, l'Angleterre, la France ou l'Italie ne sont
» pas des nôtres. Nous avons besoin de réformes, mais nous paie-
» rons les conseillers, les techniciens, comme nos employés. »

Est-ce sur cette base que M. Clemenceau s'est arrangé avec Faiçal ? Se serait-il borné à obtenir quelques bonnes places pour ses compatriotes dans l'administration hedjazienne de la Syrie ?

Un jeune avocat syrien du Caire s'étant rendu, il y a un mois, à Beyrouth, écrit à un de ses amis pour lui rendre compte de la situation. Il la trouve bonne. C'est l'impression de tous ceux qui vont à Beyrouth. Mais il ajoute que la France cherche à assurer son influence sur toute la Syrie, par l'intermédiaire d'un homme influent (lisez Faiçal), mais les Libanais, les habitants de Beyrouth veulent se séparer de la Syrie.

Cela témoigne de la confiance accordée par la France à Faiçal, en même temps que des appréhensions des habitants, qu'une trop longue expérience du système de gouvernement islamique rend méfiants à juste titre.

Je garde la conviction que la France fait fausse route en s'attelant au char de Faiçal et en attendant son bon plaisir. C'est bien à cette situation que voulaient la réduire ses rivaux en Syrie. Faiçal, ancien député du Hedjaz à Constantinople, est reconnu maître de la Syrie par la France et l'Angleterre ; les populations musulmanes l'accueillent comme le restaurateur de la Puissance musulmane arabe ; les chrétiens attachés à la France s'inclinent devant son prestige. Tout le pays lui obéit et il est soutenu par ses parents du Hedjaz et ses coreligionnaires de ce pays, qui sont prêts à accourir à son aide, si jamais il a besoin d'user de la force pour se maintenir.

Il y a quelque temps, un membre influent du Comité musulman du Caire m'affirmait avec énergie que la France ne pourrait pas mettre les pieds en Syrie. Il voulait dire que la population se révolterait. Il y a huit jours, un Syrien, employé du gouvernement et inféodé à la politique impérialiste, venant de Palestine, m'a dit que si la France voulait aller à Damas et à Alep, il lui faudrait guerroyer pendant dix ans. Un autre, qui voulait me gagner au parti du mandat américain, m'a assuré avec véhémence que la France n'irait jamais en Syrie.

Aujourd'hui, un agent syrien, de l'état-major anglais, nous a affirmé que les Arabes étaient munis en abondance de canons, de fusils, de mitrailleuses, de munitions et qu'ils sont décidés à combattre toute Puissance qui viendrait occuper la Syrie. Cette concordancé de propos donne à réfléchir. Il prétend même que le roi du Hedjaz a averti les Alliés qu'il s'opposera par les armes à toute occupation étrangère ! !

Une lettre de Damas affirme, entre autre, que le gouvernement arabe s'occupe de former une armée de 25.000 hommes, pour remplacer les troupes anglaises qui doivent être relevées. L'auteur de la lettre croit que le gouvernement n'y réussira pas.

Mais cela décèle les intentions des Anglais de remettre la Syrie à Faiçal et non à la France, et concorde avec la campagne de ce dernier en faveur de l'indépendance absolue sans tutelle.

Tout cela n'arrêtera pas la France ? Je le crois. Mais cela révèle l'état d'esprit qui règne à son égard et montre qu'il faut se méfier.

On sait quel rôle a joué en Syrie le colonel Laurence et cependant les journaux anglais ont annoncé sa démission du service du gouvernement. Le *Morning Post* dit que « le colonel Laurence, l'ami intime des Arabes, a décidé de se démettre prochainement du service militaire ; dès maintenant, il a quitté l'uniforme et il a l'intention de revenir à ses recherches historiques, à l'une des Universités d'Oxford ». Et le journal ajoute cette phrase significative, qui mérite d'être méditée : « Sa résolution de se démettre peut être considérée, par ceux qui comprennent l'importance des services qu'il a rendus aux intérêts anglais en Orient, comme une preuve du succès final du principe pour lequel il a lutté. »

Il est très probable que les recherches historiques auxquelles il va se livrer le porteront tout naturellement dans le pays qu'elles concernent ; et nous retrouverons ainsi chez nous l'émule de l'autre savant allemand, chercheur aussi de monuments historiques en Orient, le baron Oppenheim, de funeste mémoire.

J'ai sous les yeux les extraits d'une circulaire venant de New-York, dont la lecture m'a révélé le mystère de la volte-face de nos compatriotes anglophiles ici vers l'Amérique.

Il y est dit ce qui suit, en date du 29 mars 1919 :

« Le délégué officiel à Paris de la Société « la Nouvelle Syrie »
» a déclaré que l'Émir Faiçal consent à ce que les Etats-Unis
» d'Amérique soient mandatés pour la tutelle de la Syrie et ne
» s'y oppose pas. *Les hauts fonctionnaires anglais à Paris n'hési-*
» *tent pas à déclarer que la Grande-Bretagne est prête à évacuer*
» *la Syrie et la Mésopotamie, si l'Amérique se charge de la tutelle*
» *de ces pays.*

» … Les Américains et les Syriens sont certains que *le gouver-*
» *nement anglais a demandé au gouvernement des Etats-Unis*
» *d'accepter un mandat pour la Syrie* et autres pays du proche
» Orient. *M. Lodge, sénateur, a répété cela dans un discours pro-*
» *noncé à Boston.* »

Le jeu est clair ici : on refuse de faire la relève en Syrie pour y introduire les Français, mais on la propose aux Américains. Lorsqu'il s'agit de la France, on oppose le désir des Syriens pour l'indépendance absolue, mais lorsque M. Wilson insiste pour une tutelle, celle-ci, ne pouvant être attribuée à l'Angleterre, est proposée à l'Amérique. C'est du pur marchandage et n'a pour but que d'éloigner la France.

Il est à craindre que les agissements de Faiçal n'aient pas été exactement signalés au gouvernement français par ses représentants en Orient, d'abord parce que, à Beyrouth, Faiçal a eu l'habileté d'émailler ses discours de louanges à l'adresse de M. Clemenceau et des Alliés, ce qui a pu tromper ses auditeurs français ; ensuite, parce que l'enthousiasme ambiant était tel que nous lisons dans le compte rendu du passage de Faiçal à Alep une allocution du gouverneur militaire français du Liban, déclarant qu'il était plus heureux d'entendre acclamer la Syrie que d'entendre acclamer la France. Cet officier a été gagné par l'enthousiasme débordant qui l'entourait.

Notre principal souci consiste à démasquer les intrigues qui contribuent à embrouiller la question syrienne. C'est le meilleur moyen d'ouvrir les yeux à ceux qui seraient séduits par certaines théories inventées pour les besoins de la cause, telle que le partage des pays turcs entre trois races : les Juifs, les Arabes et les Arméniens.

Je ne vous cacherai pas que nous avons été impressionnés par la publicité faite dans la presse anglaise relativement à certains desiderata exprimés par les Musulmans des Indes en faveur du Sultan turc, d'autant plus qu'elle coïncide avec une campagne de presse entreprise par le correspondant du *Times* aux Indes, en vue de les appuyer.

Voilà donc les Indiens admis à s'immiscer dans les affaires de Turquie, parce qu'ils sont Musulmans, et les Syriens de Syrie ne sont pas admis à parler de leur pays ; on envoie à leur place un étranger musulman.

En parlant de l'Egypte à la Chambre des Lords, lord Curzon dit que l'Angleterre veut amener l'Egypte à être une puissance musulmane de premier ordre. Et les coptes chrétiens, que seront-ils ?

C'est toujours sur le sentiment religieux que l'Angleterre veut baser sa politique. A quoi donc aura servi la guerre et la défaite de l'Allemagne qui suivait la même politique ? Et les principes démocratiques proclamés par les Alliés, que deviennent-ils ?

Le mouvement nationaliste égyptien de cette année a pour origine la propagande pour l'indépendance de la Syrie et du Liban ; ses promoteurs ne forment pas un parti, mais ils représentent la totalité des Egyptiens. L'ancien parti nationaliste, celui de Moustafa Kamel, Mohamed Farid, Cheikh Chaouiche, etc., a voulu envoyer, *lui aussi*, une délégation à Paris, mais les partisans du nouveau nationalisme s'y sont opposés. Il s'agit donc de toute autre chose qu'avant la guerre.

Les Anglais eux-mêmes ont contribué à ce mouvement, en considérant l'Egypte comme entièrement acquise à leur domination et en négligeant les rapports amicaux qui, avant la guerre, étaient habilement entretenus avec les notables par les représentants officiels de l'Occupation, soit à l'Agence britannique, soit dans les Ministères. Un des derniers fonctionnaires britanniques amis des Egyptiens a été Sir Reginald Graham, Conseiller au Ministère de l'Intérieur, actuellement adjoint du sous-secrétaire d'Etat au Foreign Office. Lors de son départ, provoqué par lord Edward Cecil (décédé depuis), partisan de la manière forte, les

Egyptiens lui ont offert un thé public auquel ont assisté des notables de toutes les Moudiriehs. Après son départ, qui a suivi de près celui de Sir Henry Mc Mahon, haut commissaire, Sir Reginald Wingate, successeur de celui-ci, se trouva complètement débordé par le parti de la manière forte, représenté par Lord Cecil et ses amis et par l'état-major de l'armée. En désignant le général Allenby pour le poste de haut commissaire spécial, on n'a fait que consacrer une situation de fait qui durait depuis près de trois ans.

Aussi, a-t-on pu constater, depuis cette nomination, que le général suit une politique toute personnelle, différente de celle dont Lord Curzon lui a tracé les grandes lignes. Et c'était inévitable, parce que le gouvernement central basait ses opinions sur des hypothèses ; et lui-même, comme les autorités responsables en Egypte, ont été surpris par l'événement. La raison en est que ces autorités ont totalement négligé la politique intérieure, pour ne s'occuper que des pays voisins, qui absorbaient toute leur attention.

Et voilà pourquoi les meilleurs amis des Anglais demandent maintenant l'évacuation de l'Egypte, ou pour le moins l'affranchissement de la tutelle anglaise.

Lorsqu'arriva la Commission d'enquête que le gouvernement britannique se propose d'envoyer en Egypte, elle aura bien des sujets d'étonnement, si vraiment elle désire approfondir les causes des événements.

(Rapport adressé au Comité Central Syrien par son Délégué d'Egypte).

Proclamation du Liban

L'Indépendance avec l'aide de la France

Le *Journal Officiel* du Liban a publié, en date du 25 mai dernier, le texte de la décision prise par le Conseil Administratif du Liban au sujet de l'avenir de la Montagne :

Considérant que le Mont Liban fut de tout temps indépendant, avec ses limites historiques et géographiques et que les parties qui en ont été détachées l'ont été par la force et l'usurpation ;

Considérant que le pouvoir de la Puissance usurpatrice sur ces régions a disparu ;

Considérant que le Liban ne peut vivre et évoluer que si les parties qui en ont été détachées lui sont rendues ;

Considérant que les Puissances de l'Entente ont proclamé qu'elles aideraient à la libération des peuples opprimés et à la restitution des territoires arrachés par la force et que les parties détachées du Liban sont considérées comme en faisant partie intégrante et que leurs habitants sont en majorité d'origine libanaise ;

En conséquence et en conformité des vœux et des désirs des Libanais exprimés sans cesse dans tout le Liban, le Conseil Administratif, en tant que représentant le peuple libanais, s'est réuni et a pris la décision suivante :

1° Proclamer l'indépendance politique et administrative du Liban dans ses limites historiques et géographiques, en considérant les territoires qui lui ont été usurpés comme territoires libanais, tels qu'ils étaient avant leur usurpation ;

2° Constituer un gouvernement libanais démocratique, basé sur la liberté, la fraternité et l'égalité, en garantissant les droits des minorités et la liberté des cultes ;

3° Le gouvernement libanais et le gouvernement français, qui l'aide, décideront des relations économiques du Liban avec les gouvernements voisins ;

4° Etudier et organiser suivant les voies légales la Constitution du Liban ;

5° Présenter cette décision à la Conférence de la Paix ;

6° Publier cette décision dans le *Journal Officiel* et dans les autres journaux nationaux, afin de calmer l'esprit des Libanais et de proclamer la garantie de leurs droits.

Le Patriarche maronite à la Conférence de la Paix

Une délégation libanaise, composée de Mgr Hoyek, patriarche maronite, de Mgr Meghabghab, archevêque grec-catholique de Zahlé, de Mgr Ch. Khoury, archevêque maronite de Tyr ; de Mgr Moubaraq, archevêque maronite de Beyrouth, et de Mgr Féghali, archevêque de Hama, est arrivée à Paris, le 22 août.

Elle est mandatée par les Libanais de toutes confessions et par le Conseil administratif du Liban pour demander à la Conférence l'indépendance du Liban restaurée dans ses frontières naturelles avec l'aide et le concours de la France, à l'exclusion de toute autre puissance.

Vœux des Syriens et Libanais

à l'Étranger

Le Comité Central Syrien a reçu des comités syriens-libanais aux colonies et à l'étranger les télégrammes suivants :

Sao-Paulo, le 13 novembre 1918.

Membres bureau notre Comité Rio, Sao-Paulo, quarante-huit avons cinquante Comités au Brésil représentant avec nous opinion générale colonie. Notre politique indépendance Syrie-Liban sous l'égide France; voulons Gouvernement République divisé trois Etats : Liban, Damas, Alep, centre Baalbeck; tout Etat doit être indépendant comme Etats-Unis.

Signé : Naui JAFET.

Rio-de-Janeiro, le 10 décembre 1918.

Comité patriotique syrien-libanais au nom filiales et adhérents vous autorise demander Congrès Paix confier France constitution Syrie intégrale, indépendante, fédérative.

Président : Assad KALÉO.

Pernambuco, le 12 décembre 1918.

Comité syrien Indépendance Syrie vous donne plein pouvoir demander au Congrès Paix que notre mère France soit chargée reconstitution Syrie intégrale, indépendante, fédérative.

Président : Charles KOURY.

La Paz (Bolivie), 22 décembre 1918.

Loyale Société syrienne-libanaise prie présenter M. Pichon, Ministre Affaires Etrangères France, ses profonds sentiments gratitude occasion de confirmation indépendance Syrie avec Gouvernement national syrien.

Président : Simon KHABAT.

Bello-Horizonte, le 22 décembre 1918.

Comité patriotique (Nova Syria) Bella Horizonte, capitale Minas, vous autorise demander Congrès Paix, France soit chargée reconstitution Syrie indépendante, intégrale, fédérative.

Président : Khalil Saad BEDRAN.

New-York, le 23 décembre 1918.

« Ligue syrienne libanaise libération », représentant grande majorité Syriens d'Amérique du Nord, comprenant notamment : Président Société Beyrouth-Damas-Tripoli-Homs, M. Salim-Mallouc, — représentant Syriens à célébration Mount-Vernon quatre juillet, — éditeurs journaux : *Ashaab, Assayeh, Alfalat, Elfunoon,* — secrétaires Association négociants syriens, — principaux marchands et écrivains syriens dans Amérique du Nord, vous donnent par la présente, autorisation complète de la représenter à Conférence avec instructions obtenir établissement dans Syrie intégrale. Gouvernements autonomes fédérés mais réunis sous administration centrale, sous protectorat unique et direction France.

Président : TABET.

Thiès, décembre 1918.

Colonie Syrienne de Thiès dans sa réunion du 10 décembre a décidé de donner mandat Chekri Ganem demander Congrès Paix que France soit chargée reconstitution Syrie intégrale en nation indépendante fédérative.

Signé : Colonie Syrienne.

Conakry, décembre 1918.

Colonie syrienne de Guinée vous prie la représenter Congrès Paix exprimer ses désirs que France soit chargée reconstitution intégrale, indépendante, fédérative : remerciements pour Colonie syrienne.

Signé : JABRE, KALIF, NAJA, CHIBAN.

Dakar, 24 décembre 1918.

Au nom Colonie syrienne Sénégal vous donnons mandat nous représenter pour demander Congrès Paix que France soit chargée reconstituer Syrie intégrale, en nation indépendante, fédérative.

Signé : Délégation syrienne.

Rivera (Uruguay), décembre 1918.

Comité syrien vous prie accepter mandat pour demander au Congrès Paix que France soit chargée d'obtenir reconstitution intégrale et indépendance Syrie fédérative.

Signé : NEMÉ.

Santiago-de-Chili, décembre 1918.

Colonie syrienne du Chili vous prie transmettre à Son Excellence M. Pichon l'expression de leur profonde reconnaissance à l'occasion de son discours affirmant le libre exercice de nos libertés nationales, sous protectorat de notre amie séculaire la France.

Signé : Président Taufic Balesh.

Santiago-de-Chili, 26 décembre 1918.

Colonie syrienne au Chili vous prie défendre nos droits sur Palestine contre invasion israélite.

Ligue Syrienne : Président : Taufik Balesh.

Buenos-Ayres, 31 décembre 1918.

Société Union syrienne a décidé vous nommer son représentant pour défendre ses intérêts Syrie-Liban, soutenir ses aspirations qui consistent indépendance sous protectorat France; espérons réponse affirmative.

Pour Union Syrienne : Président : Costa.

New-York, janvier 1918.

Prière soumettre Ministre Pichon ce qui suit : Comme représentant grande opinion syrienne en Amérique, comme Président Ligue syrienne-libanaise libération aux Etats-Unis et secrétaire assemblée générale historique de Beyrouth pour les réformes, je tiens à exprimer ma vive gratitude au Ministre Affaires Etrangères pour ses déclarations Chambre Députés concernant politique France en Syrie-Liban-Palestine. J'espère idéalisme élevé mais mal dirigé privera pas Syrie du protectorat complet et contrôle effectif France, conditions particulières pays peu connues en France et Etats-Unis exigent impérieusement établissement protectorat.

Signé : Tabet.

Los-Angelos, Californie, 9 décembre 1918.

Considérant que le peuple du Liban a été délivré du joug turc par la France et ses alliés, attendu que, en l'an 1848 et de nouveau en 1860 la France se porta au secours de la Syrie, empêcha la continuation du massacre de ses habitants et donna l'autonomie au Liban, attendu que la population libanaise aime la Frace en reconnaissance de ce qu'elle a fait dans l'intérêt de l'humanité et dans l'intérêt Liban, a émis le vœu que le Liban devienne indépendant sous la protection française.

La Colonie palestinienne de Paris, à M. le Président du Comité Central Syrien, pour être transmis à la Conférence de la Paix :

Confiants dans l'équité des Puissances victorieuses, nous sollicitons d'elles, en notre nom et au nom de tous nos concitoyens,

sans distinction de confession, la reconnaissance par les représentants du droit, à la Conférence, de nos droits absolus de
citoyens maîtres de la Palestine, notre patrimoine sacré, ainsi
que de notre souveraineté nationale et de notre liberté de disposer de nous-mêmes en arbitres souverains comme citoyens d'une
province de la Syrie libre et intégrale.

Le Caire, janvier 1919.

Réfère lettre informant constitution imminente Comité libano-
syrien Égypte vous informons que Comité désormais définitivement constitué au Caire, Alexandrie, Tanta, Mansoura, Port-Saïd,
ayant plus de 1.200 adhérents ce jour, programme affranchissement Syrie, accès indépendance sous égide France, bases unité
et intégrité et séparation syrienne de question arabe. Etant donné
réunion Congrès Paix vous prions nous représenter et appuyer
nos justes revendications, comptant sur France pour obtenir
reconstitution syrienne intégrale, base fédérale excluant ingérence
arabe et caractère religieux.

Comité : Sfer pacha, *président,* Hakki Azm bey, *vice-président;*
Zeinié, *secrétaire;* Name Ganem, *trésorier;* Chakkour pacha,
Emir Mouktar Jazaïri, Amin bey Bistany, Dr Goraïb, Dr Assad
Attiah, Rizallah Arcache, Sami Cossery, Jean Khaouam, *mem-
bres.*

Sydney, janvier 1919.

L'Association syrienne maronite du Progrès d'Australie, représentant la communauté maronite d'Australie et comprenant la
majorité de la population syrienne, ne peut que se réjouir de
la déclaration faite par M. Pichon, ministre français des Affaires
Etrangères concernant le traité secret conclu entre la France et
la Grande-Bretagne en 1916 dans laquelle le Mont-Liban et la
Syrie sont cédés à la France. Avec l'approbation de toute la
colonie maronite, l'Association envoie au Gouvernement français
et au peuple français l'expression de sa cordiale et respectueuse
gratitude pour le profond intérêt et l'admirable protection accordée à tout Syrien et particulièrement à chaque Maronite et croit
sincèrement qu'à la Conférence de la Paix les délégués français
suivront l'attitude adoptée par M. Pichon, et qu'ils demanderont
l'indépendance du Mont-Liban et de la Syrie sous la protection
et la suzeraineté de la France bien-aimée, la noble et héroïque
contrée pour laquelle chaque Maronite est préparé à sacrifier sa
propre existence.

LES VŒUX

des Syriens et des Libanais d'Egypte

Par notre télégramme du 15 courant, dont copie est ci-jointe, nous avons eu l'honneur de vous communiquer quelques renseignements, reproduits des journaux de Syrie, sur la propagande entreprise officiellement par l'Émir Faïçal en Syrie, en faveur du régime d'indépendance absolue, sans restrictions ni conditions, soit par un manifeste adressé aux Syriens, soit par des allocutions et des discours prononcés dans des réunions en présence de notables, de fonctionnaires, du haut clergé, etc.

Bien que vous deviez avoir reçu les mêmes journaux, et que vous deviez déjà être au courant des détails relatifs à cette propagande, ainsi qu'à la réception royale qui a été faite à l'Emir par les autorités alliées elles-mêmes et aux manifestations organisées d'avance en son honneur par ses partisans, qui détiennent en mains le gouvernement du pays, il n'en sera pas moins intéressant de signaler quelques-uns des détails les plus saillants, que vous trouverez inclus dans le résumé ci-joint.

Nous nous contenterons de reproduire dans le corps de cette lettre l'allocution hautement significative de l'Imam de la Mosquée à Beyrouth, où l'Emir a fait sa prière, en s'adressant aux fidèles réunis dans les termes suivants :

« Voici le Fils du Prophète et le détenteur du pouvoir. S'il ordonne, vous devez lui obéir, conformément aux prescriptions de son Aïeul, qui disent : Celui qui obéit à mon Prince m'obéit, celui qui lui résiste me résiste. »

C'est clair. L'Emir demande au peuple de revendiquer l'indépendance sans tutelle. Il défend de recourir à l'aide d'une Puissance quelconque, sous peine d'être renié par la patrie syrienne ou même arabe. Et quel est le Syrien qui sera, après cela, assez téméraire pour exprimer un vœu contraire à la Commission d'enquête interalliée ?

Lorsque l'Emir fut mis en possession du gouvernement de la Syrie, à titre transitoire sans doute, jusqu'au règlement du sort du pays par la Conférence, et que des protestations s'élevèrent de la part des Syriens, surpris par cette intrusion inattendue, il a agi prudemment par suggestion et par des encouragements occultes, pour amener les Syriens à demander l'indépendance, mais, depuis son retour d'Europe, où il s'était rendu, non comme mandataire des Syriens, mais comme représentant de son père, il pose en vrai souverain de la Syrie, abusant des égards que les Alliés lui prodiguent comme leur collaborateur et comme fils du roi du Hedjaz, pour s'imposer à sa population.

Malheureusement, cet abus est encouragé par les organes officieux d'Egypte. C'est ainsi que le journal *Al Kaoukeb*, dirigé par l'état-major britannique au Caire, reproduit le manifeste de l'Emir et y applaudit dans des termes enthousiastes :

« Voilà bien des paroles de Prince ! L'espoir de cette » Nation dans son délégué à la Conférence de la Paix » (qui » l'y a délégué ?) » n'a pas été déçu. Il lui suffit à cette » Nation que l'Emir lui donne le moyen de manifester son » opinion devant des témoins dignes de foi (la Commission) » afin que le monde sache qu'elle est unanime dans ses » revendications de l'indépendance et qu'aucun compte ne » doit être tenu du bruit qu'ont fait certains chercheurs de » vogue et d'argent, en prétendant que les Syriens sont » incapables de marcher sans béquilles ou des mineurs » ayant besoin d'une main pour les conduire dans le che- » min de la vie.

» Si l'Emir n'est parvenu à obtenir que ce seul résultat » (le moyen d'exprimer leur opinion devant la Commis- » sion), dans un Congrès au sein duquel ont retenti tant de » voix et se sont heurtés tant d'intérêts, il aura toujours » obtenu un grand succès et une éclatante victoire. Il faut » donc espérer que la masse de la Nation répondra à son » appel, qu'elle suivra son conseil. »

Voilà comment l'organe de l'état-major britannique prend franchement position dans le conflit qui divise les Syriens. Pour lui, le beau rôle est du côté de ceux qui veulent asservir la Syrie à ses anciens conquérants, alors que ceux qui veulent la liberté de leur patrie, combinée avec l'aide d'une Puissance civilisée, pour la conduire dans le chemin de la vie, sont des gens vendus. Nos adversaires politiques pro-arabes n'ont jamais dit autre chose ; et la manifestation de cette communauté de sentiments entre le dit organe et eux explique bien des choses restées jusqu'ici douteuses et obscures. La dernière partie de son article, surtout, qui est une glorification du succès attribué à l'Emir d'avoir obtenu la nomination de la Commission Interalliée, alors que ce même journal l'a déjà attribuée au général Allenby, révèle une sorte de solidarité entre l'Emir et les inspirateurs de l'organe.

Un autre journal, anglais celui-là, l'*Egyptian Gazette*, est encore plus explicite. Non seulement il dément qu'un accord puisse intervenir en faveur d'une tutelle de la France en Syrie, sans le consentement des Syriens et des Arabes (?) et avant que la Commission Interalliée n'ait envoyé son rapport à la Conférence, mais il envisage même l'éventualité d'une décision du Conseil des Quatre de la Conférence venant interrompre les travaux de la Commission, de n'imposer aucun mandat au nouveau Gouvernement arabe. (Ci-joint la copie de cet entrefilet, reproduit dans l'*Egyptian Gazette* d'Alexandrie, du 1er mai 1919.)

Cela donne à croire que déjà des démarches sont faites auprès de la Conférence pour accorder l'indépendance chère à l'Emir Faiçal et sollicitée par lui pour le Hedjaz et la Syrie.

Dans les conditions qui viennent d'être exposées, il est facile de prévoir quel sera le résultat du référendum dont la Commission serait chargée. Dès lors, la Conférence peut considérer la cause entendue et choisir entre la consécration de la nouvelle domination hedjazienne et l'application du principe des nationalités.

L'indépendance que revendique l'Emir hedjazien pour la Syrie ne profitera qu'à sa propre domination et non au peuple syrien, qui dépendra de son bon plaisir et de celui de sa famille, comme au temps de ses ancêtres, qu'il évoque continuellement.

L'application du principe des nationalités ne saurait se concilier avec la restauration de cette domination ; elle commande de libérer la Syrie de toute domination ancienne ou nouvelle et de rendre aux Syriens leur liberté et leur indépendance nationale.

Toute solution contraire ne pourrait provenir que d'une équivoque créée par le partage arbitraire et erroné des pays non turcs entre trois races : juive, arabe, arménienne, faisant complètement abstraction des Syriens, qui n'appartiennent à aucune de ces races, et que l'on veut confondre avec les peuples incivilisés de la Péninsule arabique et auxquels on veut les assujettir.

Devant le danger qui menace notre liberté, notre sécurité et notre progrès dans la voie de la civilisation, nous supplions les Puissances alliées, et en particulier la Conférence, d'examiner la question syrienne sous son angle véritable, ayant égard aux intérêts de la population syrienne elle-même et écartant toute intrusion du Hedjaz, de considérer l'intrusion tolérée jusqu'à ce jour comme transitoire et d'y mettre fin par la désignation rapide et urgente de la Puissance tutrice.

Nous vous prions, Monsieur le Président, de vouloir bien être notre interprète auprès de Leurs Excellences les chefs des Gouvernements alliés, membres de la Conférence de la Paix, et en particulier de M. le Dr. Wilson, Président des Etats-Unis d'Amérique, et de leur transmettre respectueusement nos doléances, en faisant appel à leur équité et à leurs sentiments humanitaires envers un peuple martyrisé et qui ne voit pas encore finir le chemin de son calvaire, malgré la victoire éclatante de ses protecteurs, pour lesquels il a souffert.

Veuillez agréer, etc.

Le Secrétaire,

A. Zénié

Le Président du Comité Central Libano-Syrien du Caire,

A. Sfer.

(*Lettre du Comité syrien et libanais d'Egypte à M. Chekri Ganem, président du Comité Central syrien, 17 mai 1919.*)

PROGRAMME

DES

Comités Syriens & Libanais d'Égypte

Affranchissement de la Syrie de toute suzeraineté turque effective ou nominale. Accession à l'indépendance, sous l'égide de la France, de la Syrie intégrale unie politiquement et économiquement sur la base des autonomies provinciales, le Liban devant conserver son caractère propre et être agrandi. Séparation complète de la question syrienne de la question arabe proprement dite et création d'un gouvernement national syrien constitutionnel et démocratique, exempt de tout caractère religieux.

Le 21 juin, sur l'invitation du Dr Nimr (directeur du journal *Mokattam*, organe du Protectorat britannique), une réunion a eu lieu au Caire entre les délégués du Parti Syrien-Libanais et ceux du Parti Syrien Modéré, pour discuter la question syrienne.

Après plusieurs heures de discussion, les délégués des deux partis ont constaté qu'ils étaient d'accord sur plusieurs points essentiels de leurs programmes respectifs et ont décidé de travailler, chacun avec les moyens en son pouvoir — en laissant de côté, pour l'instant, la question de la puissance qui recevrait mandat sur la Syrie — en vue de la réalisation du programme commun, qui peut se résumer comme suit :

1° — La Syrie, entière et dans ses limites intégrales, doit être considérée et déclarée indépendante de la Turquie et de toute autre domination hedjazienne ou autre, et entièrement séparée de tous les pays de langue arabe;

2° — Le gouvernement à instaurer dans le pays doit être basé sur des principes modernes et exempt de tout caractère rituel ou religieux, avec un système d'autonomies provinciales pour les diverses régions;

3° — Le pays a besoin, pour être guidé dans les premiers pas de sa vie nouvelle, de la tutelle d'une seule grande puissance.

Les comités sont restés d'accord pour redoubler d'efforts en vue d'attirer l'attention des puissances sur ces revendications fondamentales et supplier la Conférence de la Paix de donner à la question syrienne une solution qui garde à la Syrie son intégrité.

(Journal du Caire 1919).

Opinions Syriennes

« Notre fort attachement à la France et notre grand amour pour elle nous incitent à réclamer l'indépendance avec sa protection. »

[Paroles du Patriarche Maronite au Haut-Commissaire français, à Békerki.]

*
* *

« Nous ne pourrons pas obtenir notre indépendance demandée, et recouvrer nos territoires, sans l'aide d'une grande puissance. Et nous voyons, avec l'œil de la raison dénuée de toute passion, que la puissance désignée pour atteindre ce but est la noble nation française tout entière. »

[Mgr Joseph Darian, dans *Al Moustaqbal*, n° 110.]

*
* *

« Pour la France ! Eh qui donc, parmi vous, ne dit pas maintenant : la France est notre protectrice : elle ne nous lâchera donc pas le jour de la conclusion de la paix ? »

[Bulletin de la *Renaissance Libanaise* (São-Paulo), n° 14.]

*
* *

« Nous remercions spécialement la noble nation française qui a pratiqué, avec les Libanais, sa bonne politique traditionnelle. Elle les a protégés ; elle a aidé ceux qui, parmi eux, étaient injustement maltraités ; elle a reconnu, à l'étranger, le caractère privilégié de leur pays ; elle les a secourus à l'approche de tout danger ; elle leur a été fidèle ; ils lui ont été fidèles ; et dès le premier jour, des Libanais se sont pressés de s'engager volontairement dans les lignes françaises : et le sang libanais s'est trouvé mêlé au sang français »

[Rapport II de l'*Union Libanaise* du Caire.]

Président : ISKANDAR AMMOUN.

*
* *

« ... Arrête ce qui suit :

... 1° L'appui du Gouvernement français pour la réalisation des vœux précités, sa collaboration avec l'administration nationale pour répandre l'instruction publique, assurer le progrès du pays, effacer les causes de dissentiment et de discorde, assurer la marche des différents services sur les principes de la justice, de la liberté et de l'égalité, et enfin la garantie dudit gouvernement français de notre indépendance en question, de manière à la protéger contre toute atteinte. »

[Résolution du Conseil administratif du Mont-Liban présentée à la Conférence de la Paix. — Cf. *Temps*, 13.1. 1919.)

*
* *

« Or, nous le savons tous, il ne nous est pas possible de nous développer économiquement et d'organiser notre liberté sans le concours d'une grande puissance, car nous manquons de techniciens au courant des rouages de la vie moderne et de la civilisation occidentale. De tout temps, la France nous a défendus ; elle nous a soutenus, guidés, instruits, secourus ; nous éprouvons pour elle une invariable amitié ; c'est son concours que nous désirons pour nous organiser ; c'est son appui que nous sollicitons pour garantir notre indépendance.

« ... Si la France est appelée à donner son appui à l'ensemble de la Syrie, nous saluerons cette décision avec joie, car, en obtenant notre autonomie intérieure dans une grande Syrie d'influence française, nous bénéficierons sans conteste de réels avantages au point de vue économique et notre sécurité serait encore mieux assurée... »

[Déclarations de Daoud bey Ammoun, chef de la délégation libanaise, au *Temps* (29.1. 1919.)

*
* *

« ... L'esprit de sacrifice et de libéralisme de la France nous engage à faire confiance à cette puissance et à lui demander sa collaboration... »

[Déclaration du délégué musulman du Liban, devant la Conférence de la Paix. — Cette déclaration a été publiée *in extenso* dans *Al Moustaqbal*, n° 133.]

*
* *

« C'est une voix qui clame en tous lieux pour demander la protection de la France. Ceux même qui se sont précipités dans le gouffre de l'erreur et se sont isolés du troupeau pareils à une chèvre galeuse ont fait entendre cette voix. Qu'on l'écoute bien : son écho a couvert le monde !... »

[Choukri El Khouri, dans *Registre ineffaçable*, Sâo-Paulo, 1919.]

*
* *

... Y a-t-il un pays qui ne soit point redevable d'un bienfait aux habitants des rives de la Seine, ou du Rhône, ou de la Loire? Y a-t-il un peuple qui ne reconnaisse pas aux Français leur générosité, leur élévation morale, leurs progrès intellectuels? Quant à nous, bien avant que nos pieds eussent foulé le beau pays de France, nous estimions ce pays à sa juste valeur. A combien plus forte raison aujourd'hui que nous nous sommes mêlés aux Français, que nous les avons intimement connus, que nous nous sommes désaltérés aux sources des sciences et des lettres françaises?... La France a encore voulu faire davantage : elle a voulu nous réserver son aide, nous combler de ses bienfaits, et nous garantir notre droit à l'indépendance. Elle a voulu aussi aider nos frères Arabes pour qu'ils puissent marcher dans la voie du progrès et de la civilisation. Aussi les habitants de la Syrie, et tous les Arabes, remercient-ils la France et jurent-ils d'être fidèles à son amour...

JAMIL MARDAM BEY.

[*Al Moustaqbal*, n° 104 : 20 mai 1918.]

Le Choix du Mandataire

Il est bien évident que la Syrie doit rester une.

L'accord passé en 1916 entre la France et l'Angleterre ne saurait être considéré comme un argument contre cette vérité d'évidence. Il peut lier les deux puissances alliées. Il ne saurait engager les Syriens. On dit bien que les Libanais demandent à garder leur autonomie.

Que le Liban tînt à son isolement dans le temps passé, tandis qu'il jouissait d'autonomie intérieure et que la Syrie du Sud était soumise au joug turc, c'était chose très naturelle. Mais avec le nouveau régime et la perspective pour les Syriens de se gouverner eux-mêmes, cela n'a plus sa raison d'être. Seules les divergences religieuses justifieraient aux yeux de certains cet isolement du Liban. On sait, en effet, qu'en Orient, l'influence religieuse sur l'administration politique est décisive. Ce principe fut l'axe de la politique turque comme il fut la base de l'intervention des puissances dans les affaires orientales.

On le sait d'ailleurs. L'élément chrétien est prépondérant dans le Liban ou la Syrie septentrionale et l'élément musulman forme la grande majorité dans la Syrie méridionale. Si donc la Syrie était divisée en deux parties fédérées, à l'instar de la Suisse (Suisse française et Suisse allemande), sous l'égide d'une seule puissance, les Libanais ne tarderaient pas à se rallier à leurs compatriotes syriens sous le même drapeau.

Quoi qu'il en soit, Syriens et Libanais tiennent à ce que la Syrie soit bien séparée du Hedjaz.

Les vœux de tous les Syriens se résument donc en une Syrie intégrale, indépendante et fédérative sous la tutelle d'une seule puissance occidentale.

Mais quelle sera cette puissance ?

La France ? L'Angleterre ? L'Amérique ?

Chacune d'elle est à la hauteur de cette tâche et la mènerait à bonne fin. Mais l'Amérique ne cherche pas un tel mandat. Elle a chez elle de quoi suffire à l'activité de ses fils. Elle acceptera plutôt un mandat en Arménie. L'Angleterre, non plus, qui a déjà un mandat en Mésopotamie, ne cherche pas à avoir la Syrie. D'ailleurs elle est liée par l'accord de 1916. Reste la France. Elle a déjà demandé un mandat en Syrie et il est certain qu'elle l'aura. D'autant plus qu'un grand nombre, pour ne pas dire le plus grand nombre des habitants de la Syrie réclament l'assistance exclusive de la France.

La France a d'ailleurs un grand avantage sur l'Amérique en ce qu'elle est à une distance beaucoup plus proche de nous, et que les Français sont, de tous les Occidentaux, le peuple qui présente, comme qualités et comme défauts, le plus d'analogie avec le nôtre. D'autre part, nous avons déjà été en contact avec les Français : nous les avons aimés. Ils nous ont connus. Ils ont étudié nos mœurs et appris notre histoire. Ils savent mieux que tous autres quels sont nos besoins.

[B. Mossoba, *Journal du Caire*, 28 avril 1919.]

La Syrie et son Avenir

1° *La Syrie gouvernée par une puissance européenne.* — Quelle que soit cette puissance, nous ne devons ni lui rési ter ouvertement, ni lui faire de l'opposition, mais au contraire, — pour ne pas être traités en ennemis, — lui témoigner de la sympathie jusqu'au moment où il nous sera possible de nous en passer. Faibles comme nous sommes, exténués par les privations, sans appui et sans consistance, l'intérêt même de notre pays exige que nous tendions, à cette puissance, une main amie et que nous la suivions loyalement dans une voie conduisant, dans la mesure du possible, à la régénération de la Syrie et à la prospérité de ses habitants. Cette perspective favorable ne peut être obtenue que par l'union et la concorde qui nous permettront de demander à l'Etat, dépositaire du pouvoir, la sauvegarde de nos droits nationaux en ce qui concerne l'administration intérieure du pays. L'obtention de ces droits sera la garantie de notre race, de notre langue, de notre existence même; mais nos revendications ne seront acceptées que si elles sont formulées pacifiquement, avec calme et dignité et non par des moyens violents, intempestifs ou injurieux.

Par contre, si nous sommes divisés et désunis, nous ne tarderions pas à perdre tous nos droits, et, dans un laps de temps peu éloigné, à être rangés au nombre des peuples disparus. Ce sera par notre faute et nous ne pourrions alors nous en prendre qu'à nous-mêmes, ayant mérité la mort par l'incohérence de notre attitude politique et notre inaptitude à l'union.

II. *La Syrie indépendante, maitresse de ses destinées et gouvernée par ses habitants.* — Ici encore et plus que jamais, l'union et l'entente sont nécessaires pour mener à bien, dans la mesure du possible, l'administration du pays et le bien-être de ses habitants. Instruit par l'expérience, je dois avouer cependant, que nous aurons à surmonter de grandes difficultés, étant donnés notre préparation insuffisante au « self-gouvernement », notre notoire inexpérience et le danger de nos ridicules prétentions. Ajoutons à cela, l'ambition démesurée de quelques-uns de nos notables qui ne veulent pas seulement s'arroger les droits de la souveraineté, mais ceux de la divinité même (*sic*), malgré leurs mœurs dégénérées, leurs principes faux et corrompus et leur despotisme incurable. Ne perdons pas de vue non plus l'influence néfaste de ces scheikhs verbeux qui ne se servent de la religion et du fanatisme populaire que pour satisfaire leurs visées personnelles.

Et cependant, si tous les habitants du pays étaient musulmans, la solution du problème serait relativement aisée, en ce sens, qu'on nous laisserait nous tirer d'affaire tout seuls. Mais la population de la Syrie comprend un grand nombre de non-musulmans, chrétiens pour la plupart. Or, beaucoup de ceux-ci sont plus instruits, plus avisés et plus hommes d'action que les musulmans. Leur opinion est écoutée en Europe et ils sont moins disposés que nous autres musulmans à supporter les méfaits d'une mauvaise administration et d'un gouvernement corrompu. Nous avons été, nous, influencés et engourdis par les facteurs religieux, ce qui fait que nous endurons facilement l'oppression, persuadés, dans notre ignorance, que nous défendons — préjugé criminel — la religion et la patrie, en nous soumettant aveuglément à la tyrannie et en nous prosternant devant nos persécuteurs. Telle est la situation de notre pays en ce qui concerne notre vie sociale intérieure.

Il importe donc que le futur gouvernement de la Syrie indépendante soit strictement civil et temporel, ethnique et national sans influence religieuse, dirigé par des cerveaux libres et conscients, servi par des bras actifs; il nous faut des hommes ayant des principes nobles et élevés, disposés à traiter sur un pied d'égalité, les musulmans, les chrétiens et les juifs, en ce qui concerne le maintien de leurs droits. Ils devront avoir pour drapeau une impartiale justice et pour mobile, l'amour du progrès, la renaissance de la patrie et le développement de la civilisation.

Avec un pareil gouvernement et de pareils hommes et, surtout aussi, avec l'union et la concorde, le pays peut espérer le salut; notre nation affrontera les difficultés et essayera ses premiers pas dans la voie du progrès. Sans cela rien à espérer : ni gouvernement, ni progrès, ni civilisation; notre vie même ne sera pas en sûreté.

Que le lecteur ne se méprenne pas sur la portée de ma pensée: je ne veux nullement l'inciter à combattre la religion ou à diminuer son influence. Certes non! Je dis seulement que la religion doit être radicalement séparée de la politique. Le muphti et l'évêque n'ont pas à s'immiscer dans les affaires gouvernementales; la liberté, sous toutes ses formes, doit protéger le musulman et le non-musulman; les croyances religieuses ont leur place tout indiquée dans les mosquées, les églises et les synagogues, sans empiètement au dehors et en tenant compte des dispositions respectives des communautés et des rites.

III. *La Syrie sous la domination turque.* — Bien que des trois régimes possibles de la Syrie future, celui-ci soit, — pour des raisons politiques qu'il serait trop long d'énoncer ici, — le moins vraisemblable, il peut cependant se réaliser et il convient donc d'en tenir compte et d'en envisager les suites, avant qu'il ne devienne un fait accompli.

En cas de maintien de la domination turque, les Syriens, y compris les Libanais, doivent envoyer une mission au Congrès de la paix et aux capitales des Etats alliés, pour demander leur séparation complète de la Turquie, au point de vue politique.

Je le répète, cette hypothèse est d'une réalisation peu probable, car pour moi, la Turquie cessera, après cette guerre, d'exister dans sa conformation géographique actuelle; mais l'homme prudent doit prévenir le mal, même invraisemblable. S'il constate que ce mal devient un fait accompli, il cherchera alors à le combattre de son mieux, en employant tous les moyens qui lui semblent devoir en atténuer la portée.

Conclusion. — Il incombe donc, aux Syriens résidant à l'étranger, de prendre en sérieuse considération tout ce qui vient d'être exposé : s'unir, s'entendre entre eux, former des Comités — au Caire, en Amérique et dans les autres pays d'émigration, — tomber d'accord sur la ligne politique à suivre, recueillir des souscriptions, etc., pour — au cas de maintien de la Turquie sur la carte politique du monde, y compris la Syrie, — agir en conséquence et faire les démarches nécessaires en vue de prévenir les malheurs et les calamités qui menaceraient notre pays et provoqueraient l'extinction de notre race.

Le lecteur trouvera peut-être étrange que nous attribuions ce rôle de l'émancipation de la Syrie à nos compatriotes résidant à l'étranger, à l'exclusion de nos frères qui n'ont pas quitté le pays.

La raison en est bien simple. Une œuvre comme celle que nous préconisons ne peut être entreprise que par des hommes libres, délivrés du joug de la tyrannie et à l'abri de la persécution.

Nous savons tous, hélas! que nos compatriotes de là-bas ne peuvent rien dire au sujet de l'oppression qui pèse sur eux, étant donné surtout qu'il n'y a plus dans les pays ni hommes mûrs, ni jeunes gens sur lesquels on puisse compter pour mener à bien une tentative politique de cette importance. On ne trouve plus en Syrie que des vieillards déprimés, — des gens sans instruction, incapables de s'occuper des affaires publiques, — des hommes à turban (*sic*), fanatiques, ignares et prodigues de paroles vides de sens.

Voilà pourquoi nous nous sommes adressés spécialement aux Syriens hors de Syrie pour leur dire que le sort de leur pays est entre leurs mains et qu'ils ne peuvent, — nous le répétons encore une fois, — mener à bien une entreprise de cette envergure que par l'union et la concorde.

Haqqi El'Azm.

[Dans *Al Hâoui* (Argentine), 29 décembre 1917 (Traduit de l'arabe).]

Paris. — Imprimerie des Arts et Manufactures, 8, rue du Sentier. — 1182-19